はじめに

この本は、給料が少ない、やりたい仕事もやれていない、このままでいいのかなとモヤモヤしている……そんなあなたが大逆転！　高収入を得ながら、自分らしく活躍できる方法を教える手引書です。

「そんな魔法のような方法があるの？」

はい、あります！　申し遅れましたが、私は松下公子と申します。元アナウンサーで、現在は選ばれる人・会社になるプレゼンコンサルティングの株式会社ＳＴＯＲＹ代表取締役であり、ＳＴＯＲＹアナウンススクールの代表も務めています。

スクールでは、アナウンサーや記者などのマスコミ就職や一般企業の就職転職サポートを行っています。年ごとに数字は変わりますが、内定率はだいたい7割以上。２０２１年度は20人中19人と、9割が内定いたしました。

手前味噌ですが、クライアントや生徒からは「松下社長」「松下先生」と敬われ、大好きな人たちに囲まれ楽しく仕事をしています。お給料も高収入の部類に入るのではないでしょうか。

「は？　なに、このイヤミな著者は？」

と、ここで本を閉じようとしたあなた、ちょっと待ってください！

冒頭に記した〝給料が少ない、やりたい仕事もやれていない、このままでいいのかなとモヤモヤしている〟人は、実はかつての私なのです。

「こんな簡単な事務作業もできないのか！」と当時の上司から、ダメOLのレッテルを貼られて涙したあの頃。もう仕事が合わないと、新卒入社1年もしないうちに会社を辞めたのです。その後、コールセンターの受付やイベント司会など、3つ4つとアルバイトを掛け持ちするフリーターとなりました。東京でひとり暮らし。「次のお給料日まであと3日！」と指折り数えるような貧乏暮らしをした日もありました。

そんな私が大逆転できた秘密がこの本のテーマ、「転職」です。

転職でキャリアを積み重ねていくことで、高収入かつ自分が活躍できる環境を手に入れることができるのです。

なぜ、私が転職について語れるのか？

実はアナウンサーと転職とは、切っても切れない関係です。

地方局のアナウンサーは正社員ではなく、契約や派遣社員が多いのです。3年から5年と、限られた契約期間の満了前には、新たなアナウンサーの職を求めて転職活動を行います。局のアナウンサーであり続けたいと、2〜3局とテレビやラジオ局の経験を積み重ねる人は多いです。

ちなみに私も転職を繰り返し、4局でアナウンサーをしてきました。そのたびに、競争倍率1000倍以上と言われるアナウンサー試験を突破してきました。


アナウンサーと言えば、見た目の好感度も高く、笑顔で堂々と話ができる人。

多くの方がそんなイメージを持っているのではないかと思います。でも、アナウンサーだって自分の転職には悩んでいるのです。

志望動機で何を話せばいいのか、わからない。

自己PRといっても、自分には大した強みはない。

そもそも、転職に向けて一歩が踏み出せない。

一般企業の転職を目指しているあなたと悩みは同じです。

そんな悩めるアナウンサーの転職サポートを10年以上、行ってきました。

中には、自分ひとりでは上手くいかなかった転職が嘘のように1局目で内定した方から、3局の民放トリプル内定や、3局のNHKキャスタートリプル内定を勝ち得た方までいます。

さらに、お伝えしたいのは、転職することで私たちは一生モノの武器を手に入れることができるということです。武器とは「仕事の経験とスキル」です。

コロナ、物価高と不安な世の中の今、何が起こるかわかりません。私自身、当時の仕事やキャリアに不安を持っていたとき、身を助けてくれたのは「仕事の経験とスキル」でした。

2008年。3歳になる息子を育てながらフリーアナウンサーとして仕事を頑張っていた時、リーマンショックが起こりました。「100年に一度」と言われた世界金融危機で、日本の株価も大暴落。

その影響は、外注である私たちフリーアナウンサーにまで及びました。

「予算削減のため、局内の人員で仕事を回していく」という理由から、担当していたテレビやラジオのレギュラー番組すべてを降ろされてしまったのです。

仕事がない。ずっと子供と家に引きこもる日々。

このままで終わりたくない。でも、何ができるだろうか？

私はアナウンサーとしてずっと生きてきた。話す、伝える、ということしかできない……。

「あ、だったら、これを教えてあげたらいいのか！」

ここから、プレゼンテーション、話し方を人に教えはじめて、今があります。

どんなに不安な世の中であっても、あなたの仕事の経験とスキルは変わることはありません。そして、転職するたびにさらなる自分にアップデートされ、高収入かつ自分らしく活躍できる自分になっていくのです。

この本には、転職で上手くいかなかった人たちが、自分が望む会社に内定する面接の極意を書きました。転職活動では、応募書類の作成と面接の2つがポイントですが、今回は面接に絞った内容でお伝えいたします。


転職で内定するには、面接がカギを握ります。

みな、まずは書類を通過させたいと熱を込めて作成します。

でも、どうでしょう。書類が通過したとたんに急に弱気になってしまいます。

「面接では、何を聞かれるのかわからない」

「どう答えたら、内定するのかわからない」

私からすれば、みなさん、先回りして考えすぎです。賢すぎます。

面接はとてもシンプルなものです。


「訊かれたことに答える」それだけです。


「え、そんな簡単なこと?」

そうです。そんな簡単なことなのです。ただ、そこに必要な要素があります。

それは、あなただけの「共感ストーリー」を話すということです。

共感ストーリーとは、大事な場面で相手を「共感」させて行動させるプレゼン手法のことをいいます。転職面接でいうと、採用担当者に「うちの会社にぜひ来てほしい」と思わせ、内定を出させるということです。

「自信はない」けど、次のキャリアのために「こうありたい」という願望はある。そんな2つのアンバランスな気持ちを持った転職希望者の方々を、行きたい会社に内定させてきた転職ノウハウの中で、特に「面接」に絞った内容をまとめました。

たくさんの悩ましい思いがあるかもしれませんが、でも、大丈夫！

この本を味方に軽やかに転職活動していきましょう！

第1章では、そもそも転職面接とは何なのか？　学生時代の就職活動のときと比べて、転職活動ではどのような面接が重要なのか？　そして共感ストーリーで語るとなぜ転職面接で選ばれるのか？　その理由についてお伝えします。

第2章では共感ストーリーを作るためにまずは、あなたの状態を知っていただきます。5つの質問に答えることで、まだ自分自身でもわかっていないあなたの現在を掘り起こすことができます。

第3章では転職面接で選ばれる共感ストーリーの作り方を解説していきます。このステップを順に踏んでいけば、選ばれる話の内容を作り上げることができます。

第4章では転職面接で求められる「自己紹介」についてです。多くの転職志望者が苦手する自己紹介。何をどう話せば採用担当の心をつかめるのかをお教えします。

第5章では具体的に面接時にどう振る舞えばいいのか？　どう面接で話せばいいのか？　解説します。

第6章では「聴き方」についてお教えします。実は話すこと以上に転職面接では聴き方も大事なのです。転職面接で選ばれる聴き方3パターンの使い分け法などを解説していきます。

さあ、それでは、今のモヤモヤした自分から大逆転！

高収入を得つつ、自分らしく活躍できる世界に一歩、踏み入れていきましょう。

松下　公子

Contents

Contents

第4章

転職面接で面接官の心をつかむ自己紹介

第5章

転職面接で選ばれる面接術

第6章

転職面接で選ばれる「聴き方」

第1章

転職面接で選ばれるプレゼン手法＝「共感ストーリー」とは？

1 そもそも転職面接とは？

そもそも転職面接は、新卒の面接とどう違うのでしょうか？
まずは、就職と転職の違いからお伝えしていきましょう。

就職の定義は「高校・専門学校・大学などを卒業した学生が初めて職業に就く」ということです。

学生ですから、もちろん、志望している会社の仕事を基本的にはまだ経験していないことが前提です。そのため、採用担当者が就活生を見るポイントは「今はできていなくても、将来できるようになりそうかどうか？」というところ。

いわゆる人柄や熱意などから、「将来の可能性」を見ているのです。

では、転職についていては、何を見られているのでしょうか？

転職、中途採用の場合は、「今、できるかどうか？」がポイントです。即戦力になるかどうか、ということが見られています。

「できるかどうか？」と言われると、プレッシャーを感じる方もいるかもしれません。でも、安心してください。「できる」というのは、〝優秀である〟という意味の「できる」ではありません。〝採用側が望んでいる仕事を経験してきている〟くらいの意味であると捉えてください。短期間でもやったことがあるなら、それは「経験」です。

私自身、「やってきました」という経験だけで、転職を通じてキャリアアップをしていきました。

フリーターから、佐渡島にあるケーブルテレビのアナウンサーに内定。その後、愛媛朝日テレビの局アナに転職しました。

愛媛朝日テレビに内定できた理由のひとつが「ケーブルテレビのアナウンサーですでにしゃべりの仕事をしていた、経験者であったから」でした。

佐渡在住のケーブルテレビ加入者の方だけに向けてお伝えしていたアナウンサーが、県域放送でおよそ１４５万人の方に見てもらうことができるようになったのです。

テレビ朝日系列の局だったため、テレビ朝日の全国放送に出演する機会もいただきました。年末の地方局の女子アナが集まる特番では、ひな壇に座ってトークをするという、華やかな仕事です。

その後も、ラジオＮＩＫＫＥＩ、メ〜テレ（名古屋テレビ）と転職を繰り返しましたが、どの局も「すでにアナウンサーとして、しゃべりの仕事をしている経験者であった」ということが大きな内定理由です。

中でも、私が最後に局アナとして経験させていただいたメ〜テレ（名古屋テレビ）は、準キー局と言われる大きな局。新卒のアナウンサー志望者からとても人気があります。私も新卒時、書類を出しましたが、惜しくも通りませんでした。

しかし、「すでにもう、アナウンサー経験あるよね。すぐにできるよね」が大きな後押しとなり、新卒時は入ることができなかった憧れの局のアナウンサーになることができました。それも30歳過ぎてからです。

そう、経験とスキルを積み重ねていけば、新卒時には手が届かなかった憧れの企業に入ることもできるのです。

さらに、新卒と転職の違いとして注目すべき点は「面接の回数」です。

新卒の就職面接は4～5回に渡り、回数が非常に多いです。それと比較して、転職面接はだいたい2回程度と、少ないのです。中には1回の面接で内定を出す企業もあります。

ですから、転職は面接に力を注ぐことが、内定への近道だと私は思います。

さらに、一番大事なのは1次面接。

多くの転職志望者は1次面接が突破したら次の最終面接ではどんな自分でいこうかな、どんな違った自分を見せたらいいのかな、といろいろ考えます。

ですが、無理に変えなくていいのです。

1次面接が突破したら、次の最終面接では同じ気持ちで、同じ話をすればいいだけ。

「1次面接と同じ自分」で臨んでください。

というのも、1次面接では「うちの会社に合っていそうだな。いいな」と思われたから通過したのです。ですから、次の最終面接で採用側が何を見るかというと、1次面接で思ったことの確認をしたいのです。

本当にあなたが来てくれるのか？

あなたと会社が本当に合うかどうか？

だから、1次面接が突破したら、何も変えなくていい、というのが私の考えです。

転職は面接、それも1次面接がカギなのです。

私からすれば転職は1次面接に力を注げば、すぐに内定できるのです。簡単なのです。

たった1回の面接で自分の今を大逆転できるとしたら、この本を読んで実践してみたくなりませんか？

2 上手い話し方だけでは、転職面接は突破できない

「1次面接が大事……ということは、よっぽど上手に話さないと内定はとれなさそうだな……」

と、プレッシャーに感じる方も多いかもしれません。

大丈夫です。**逆に、上手に話そうとすると、転職面接は突破できません。**

転職志望者に模擬面接をすると、多くの方がたどたどしいしゃべり方をしたり、早口になったり、パターンは人それぞれですが違和感のある話し方になります。

さっきまでの雑談で見せてくれた笑顔や雰囲気のいい話し方が、一気に消えてなくなってしまうのですね。

そうなると、私はいつもこう質問します。

「今、何か変なこと考えましたよね？　何を意識して話しましたか？」

転職志望者の答えはこうです。

「わかりやすく伝えなきゃと考えていました」

「明るく高い声を出さないといけないと思っていました」

「きれいに話さないといけないなと意識していました」

結局どれも、上手く話さないといけないという意識が働いているということなのです。「～しなきゃ」「～しないと」といった、〝上手く話さないといけない〟というプレッシャーをかける意識は、私たちの良さを消してしまいます。


ではどうしたら、この違和感のある話し方を変えることができるのか？

私はいつもこう、アドバイスします。


「では、その『～しなきゃ』という意識をやめてもらえますか？」


すると、どうでしょう。さきほどの違和感のあるしゃべりが大変化。自然な口調になってその人らしさが感じられる話し方になるのです。

〝上手く話さないといけない〟という意識を手放すことが結果、上手く話す秘訣になるのです。

とはいえ、面接官が見ているのは話し方だけではありません。話の内容です。アメリカの心理学者アルバート・メラビアンが提唱した「メラビアンの法則」によると、人が他者から受け取る情報の割合は、以下のように分類されるそうです。

・視覚情報55％（見た目・表情・しぐさ・視線など）
・聴覚情報38％（声のトーン・速さ・大きさ・口調など）
・言語情報７％（話の内容など）

言語情報（話の内容）が７％と、いちばん低いことから、話す内容はあまり大事ではないと思ってしまう方もいるかもしれません。でも、これは違うのです。

ちょっとイメージしてみてください。

面接に現れたのは誰が見てもカッコいい彼。笑顔からこぼれる白い歯が何とも爽やかです。「本日はよろしくお願い致します」と挨拶する声も明るくハキハキしていて、かなりの好印象。

なのですが、「うちの会社で何をやりたいのでしょうか?」との質問に「とりあえず、入れたらなんでもいいです」と答えたとしたらどうでしょう。

「入れたら何でもいいって……。『こういうことがやりたい』といった仕事への思いとか目標などないのかな。見かけ倒しだな」と思ってしまいませんか?

この「メラビアンの法則」はよく、「見た目などの視覚情報がまず大事、次に声などの聴覚情報が大事」ということだと思われがちなのですが、大きな誤解です。

3つの情報をすべて総動員することが大切であるということ。そしてさらに、相手を惹きつけるためには、3つの情報を伝える「順番」がポイントなのです。

例えば、あなたがある会社の面接を受けるとしましょう。あなたは会社の入り口で受付を済ませます。「こちらです」と会社のスタッフの方の案内で、待機室まで進み、自分の面接の番が来るまで待つとします。

その間、あなたは見られているのです。まだ面接が始まる前から、「うちの会社を受ける人ってどんな人なんだろう」と見られているのです。

面接本番でもそうです。まずは〝パッと見〟の印象を見られるのです。

人は相手の印象を7秒で決めると言われています。たった数秒で「誠実そうだな」「気が弱そうだな」など、面接担当から「こういう人なのではないか」とイメージを持たれるのですね。

これが、相手があなたの印象を決める第1ステップの視覚情報です。

そして、次にくるのが第2ステップの聴覚情報です。

「はじめまして。松下公子と申します。本日はよろしくお願い致します！」

ハキハキと元気に明るいトーンで話せたら、見た目の印象からさらに好感度はアップします。「とても印象がいいこの方は、さらにどんな人なのか知りたい。話を聴きたい」と、第3ステップの言語情報へ興味関心は移っていきます。

あなたの話が聴きたい、と思ってもらうためには、

「視覚情報→聴覚情報→言語情報」

という順番で3ステップを踏んで、面接担当の心をつかんでいく。そして、最終的にはあなたが面接で何を話すのか？　その話す内容が大事になるのです。

3 転職で選ばれるキーワードは「共感」

「話の内容が大事となると、とにかく『スゴイ自分』であることを伝えないといけない」

そう思ってしまう方も多いかもしれません。

でも転職では「オーバースペック」という理由で不採用になる人もたくさんいます。要は優秀すぎて、「こんな簡単な仕事を与えたら退屈してしまうのではないか」「会社や上司の指示を聞かないのではないか」と判断されるケースです。

優秀すぎて何が悪い、と言いたくなる気持ちもわかりますが、即戦力になる人に来てほしいという思いと裏腹に、扱いづらい人でも困ります。正直に言うと、「自分の部下にしたいかどうか」が採用担当者の本音なのです。

「ぜひ採用したい」と思う転職志望者に求める２つの価値

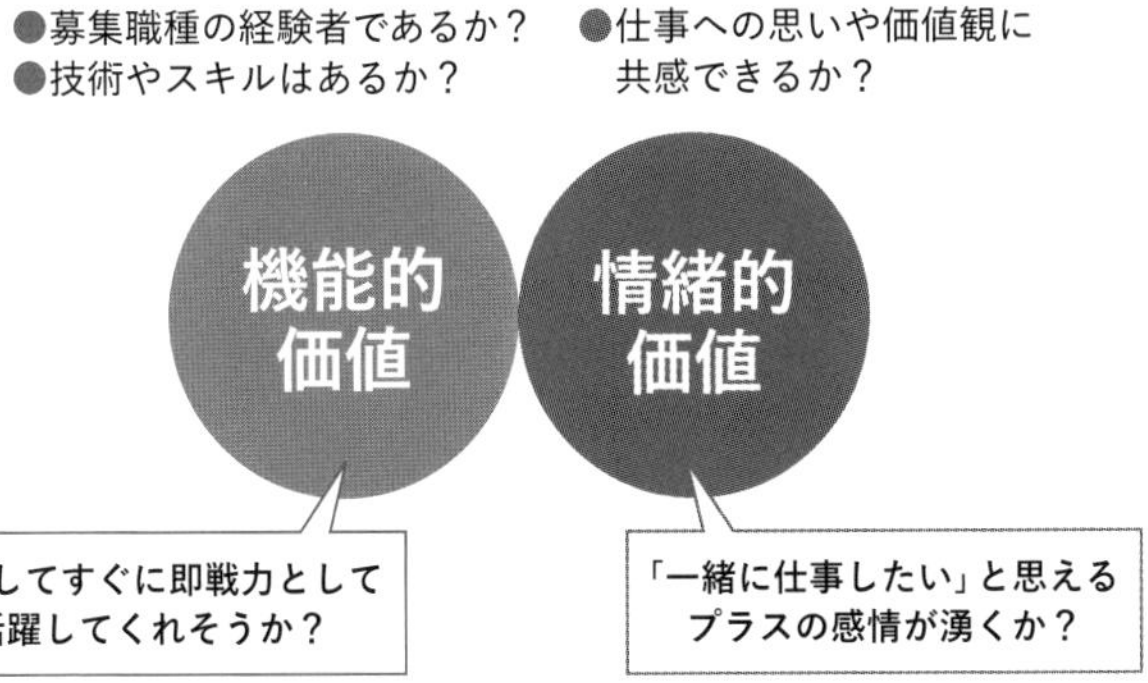
採用してすぐに即戦力として

共感ストーリーを使って
2つの価値を持つ人であるということを伝える

上の図をご覧ください。

採用担当者が転職志望者に求める2つの価値をまとめたものです。

1つ目は「機能的価値」。その人のスペックから感じる価値です。

・募集職の経験者であるか？
・技術やスキルはあるか？
・即戦力としてすぐに活躍してくれるか？

が、求められます。

でも、これまでの経験とスキルからあなたのスペックを伝えるだけでは面接官の心は動きません。

では何が必要なのか？

それは「共感」です。

それが2つ目の「情緒的価値」。心の感情面に訴えかける価値です。

例えば、〝嬉しい〟〝ワクワク感〟などのプラスの感情です。

古代ギリシャの哲学者アリストテレスも、人を動かすには共感が大事だと説いています。具体的にはエトス（信頼）、パトス（共感）、ロゴス（論理）の3要素が、人を動かすときに必要だということです。

いくら信頼があっても、論理的に正しいことを伝えても、人を動かすことはできません。共感を含めたこの3要素がすべてそろっていることで、人を動かすことができる、転職においては採用担当者に内定を出させることができるのです。

転職における共感とは、「ぜひ一緒に働きたい！」と思ってもらえるプラスの感情が沸くかどうか？　ということです。

・会社の所属やチームが目指す目標に対して一緒に頑張れる人なのか？
・入社したら自分は何がしたいのか？　何を叶えたいのか？
・この会社で働くことで、自分はどうなりたいのか？

といった〝あり方〟に共感できる人なのかどうかを、転職面接では見られているのです。

4 選ばれる人は共感ストーリーを語っている

「なるほど、転職面接では機能的価値と情緒的価値が大事。でも相反する2つの価値を伝えるのは難しそうだな……」

そう感じる方も多いのではないでしょうか。

でも、大丈夫。この2つの価値を効果的に伝える方法があります。それが共感ストーリーメソッドを使って話すということです。

共感ストーリーメソッドの根幹は「自分の経験と思いを語る」ということです。

要は、自分の経験（転職面接では経験とスキルの機能的価値）とあなたの思い（情緒的価値）を伝えることができる、ということなのです。ですから、悩むことなく2つの価値を伝え、採用担当者に「ぜひ採用したい」と思ってもらうことができるのです。

共感ストーリーで伝えるとこんな未来が手に入ります、という実例をお話ししいたしましょう。

私が管理運営、そして講師を務めているSTORYアナウンススクールでは、競争倍率1000倍以上と言われるアナウンサーをはじめとするマスコミ就職・転職のほか、一般企業の就職・転職の内定サポートをしています。民放やNHKに1局目で内定する方もいれば、3局同時にトリプル内定という方もいます。さらに名前を言えば、人もうらやむ超有名企業の内定を勝ち取った方もいます。

そう聞くと、「もともと生徒はみな、優秀な人たちなんでしょ」と思う方もいるでしょう。でも、(失礼かもしれませんが)そんなことはありません! STORYで学んでくださる方の多くは、これまで面接はおろか、書類さえも通らなかった方ばかりです。

「あなたのような人がそんなハイクラスの企業に転職できるわけがない」と、周りの人たちから、親切という名のおせっかいでいろいろ言われ、夢を諦めつつあったという方が多いのです。そして、藁にもすがる思いで私と出会ってくださいました。そのような、今までは上手くいかなかった方が大逆転して、望み通りの転職を叶える方法、それが共感ストーリーなのです。

そして私自身も、この共感ストーリーを使って大逆転したうちのひとりです。当時、佐渡島のケーブルテレビのアナウンサーだった私は、「もっともっと、たくさんの人たちに伝えたい」という思いから、さらに大きな局を目指して転職活動をスタートさせました。

大変なことになるか……と思いきや、実は3局目の受験ですぐに内定してしまいました。新卒の就職活動では書類さえなかなか通らなかったのに。あの時の苦労が嘘のようです。

ご縁があったのは、愛媛朝日テレビ。愛媛にあるテレビ朝日系列の民放局です。書類が通過したら、次がもう最終面接でした。

一緒に面接を受けたメンバーはミス松山や大学のミスコンで優勝したという、見た目華やかな女子たち6人でした。みな、笑顔で堂々と自信に満ち溢れているように見えました。私はというと「ああ、この中で私はとても普通に見えるし、目立たないな」と面接が始まる前からすでに落ち込んでいました。

そして緊張する中、面接は静かに始まったのです。社長や重役など、局のトップの方々がずらりと10人は並んでいました。

「佐渡からいつ来たの」とおひとりの採用担当者からのみ、質問がされていきます。他の9人の皆さんはというと、書類に目を通しているばかりで全員が下を向いています。まったく、私の顔を見てくれません。〝私に興味がなさそうだな〟とほぼ、あきらめていました。でも、驚きの瞬間がきたのです。

採用担当の方はこう聞いてくれました。

「もうすでに、アナウンサーの仕事をしているのだけど、どうして今回うちの局を受けてくれたのかな？」

「はい」私はゆっくりと話し始めました。

「今、朱鷺《トキ》を取材しているのですが……」

それを聞いた下を向いていた重役の皆さんが一斉にバッと顔を上げました。そして私の顔をじっと見てくれたのです。驚きつつも、私は続けました。

「私は今、朱鷺の取材をしています。中国からやってきた2羽の朱鷺の存在は日本と中国の懸け橋になるという意味からも、今、島には全国からメディアがやってきて取材しています。

大きい局のアナウンサーは『今、朱鷺は羽を広げました。ご覧いただけましたか？』など生中継で朱鷺の様子を伝えていますが、私にはできません。

私がいる局では、中継をする人材と設備が整ってないのです。私は録画放送ではなく、ライブ、生でニュースや情報をお伝えしたいのです。それももっと、もっとたくさんの方に伝えたいのです」

私はただただ、本当に思っていることを伝えました。そんな私の顔をじっと見つめながら、重役の皆さんは前のめりになって話を聞いてくれました。

そのとき、おこがましくも「あ、私、内定したわ……」と確信したのです。

今思えば、最終面接では自分の経験とスキル、そして思いを伝えるという、転職で選ばれる共感ストーリーを、私は語っていたのです。

5 共感ストーリーのネタは創作するのではなく「掘り起こす」

「でも、自分に何か語れる共感ストーリーってあるのかな」

そう、心配する方もいるかもしれません。

はい、大丈夫です。もちろん、あなたにも共感ストーリーはあります。

なぜなら、共感ストーリーはあなたの「過去」「現在」「未来」を語ることだからです。

「なぜ、自分は今の仕事をしているのか？　なぜ、転職活動をしているのか？　そしてなぜ、この会社を志望しているのか？」など、共感ストーリーの元は過去に隠されています。

そしてその隠された過去は、あなたが今、転職活動をしている原動力、エネルギーの源です。日々忙しい中でも、転職活動を続けることができている理由と言ってもいいでしょう。

あなたが忘れている「過去」、そして「現在」、さらにまだ見ぬ「未来」と、3つの点と点を結んで線にして、伝えるイメージです。

転職面接に絞って共感ストーリーを解説すると、**自分がやってきた過去から現在、未来に向けて、仕事の経験やスキルとともに自分の思いや感情を伝える**というものです。

ここに、ご紹介したいスピーチがあります。プレゼンの名手として有名なアップル創業者スティーブ・ジョブズが2005年に米スタンフォード大学の卒業式で行ったスピーチです。彼の複雑な生い立ちや学生時代の経験をストーリーで語っています。

3つの話のうちのひとつをご紹介いたしましょう。

●「点と点をつなげる」

世界でもっとも優秀な大学の卒業式に同席できて光栄です。私は大学を卒業したことがありません。実のところ、今日が人生でもっとも大学卒業に近づいた日です。本日は自分が生きてきた経験から、３つの話をさせてください。たいしたことではない。たった3つです。

まずは、点と点をつなげる、ということです。

私はリード大学をたった半年で退学したのですが、本当に学校を去るまでの1年半は大学に居座り続けたのです。ではなぜ、学校をやめたのでしょうか。

私が生まれる前、生みの母は未婚の大学院生でした。母は決心し、私を養子に出すことにしたのです。母は私を産んだらぜひとも、誰かきちんと大学院を出た人に引き取ってほしいと考え、ある弁護士夫婦との養子縁組が決まったのです。ところが、この夫婦は間際になって女の子をほしいと言いだした。こうして育ての親となった私の両親のところに深夜、電話がかかってきたのです。「思いがけず、養子にできる男の子が生まれたのですが、引き取る気はありますか」と。両親は「もちろん」と答えた。生みの母は、後々、養子縁組の書類にサインするのを拒否したそうです。私の母は大卒ではないし、父に至っては高校も出ていないからです。実の母は、両親が私を必ず大学に行かせると約束したため、数カ月後にようやくサインに応じたのです。

そして17年後、私は本当に大学に通うことになった。ところが、スタンフォード並みに学費が高い大学に入ってしまったばっかりに、労働者階級の両親は蓄えのすべてを学費に注ぎ込むことになってしまいました。そして半年後、私はそこまで犠牲を払って大学に通う価値が見いだせなくなってしまったのです。当時は人生で何をしたらいいのか分からなかったし、大学に通ってもやりたいことが見つかるとはとても思えなかった。私は、両親が一生かけて蓄えたお金をひたすら浪費しているだけでした。私は退学を決めました。何とかなると思ったのです。多少は迷いましたが、今振り返ると、自分が人生で下したもっとも正しい判断だったと思います。退学を決めたことで、興味もない授業を受ける必要がなくなった。そして、おもしろそうな授業に潜り込んだのです。

とはいえ、いい話ばかりではなかったです。私は寮の部屋もなく、友達の部屋の床の上で寝起きしました。食べ物を買うために、コカ・コーラの瓶を店に返し、5セントをかき集めたりもしました。温かい食べ物にありつこうと、毎週日曜日は7マイル先にあるクリシュナ寺院に徒歩で通ったものです。

それでも本当に楽しい日々でした。自分の興味の赴くままに潜り込んだ講義で得た知識は、のちにかけがえがないものになりました。たとえば、リード大では当時、全米でおそらくもっとも優れたカリグラフの講義を受けることができました。キャンパス中に貼られているポスターや棚のラベルは手書きの美しいカリグラフで彩られていたのです。退学を決めて必須の授業を受ける必要がなくなったので、カリグラフの講義で学ぼうと思えたのです。ひげ飾り文字を学び、文字を組み合わせた場合のスペースのあけ方も勉強しました。何がカリグラフを美しく見せる秘訣なのか会得しました。科学ではとらえきれない伝統的で芸術的な文字の世界のとりこになったのです。

もちろん当時は、これがいずれ何かの役に立つとは考えもしなかった。ところが10年後、最初のマッキントッシュを設計していたとき、カリグラフの知識が急によみがえってきたのです。そして、その知識をすべて、マックに注ぎ込みました。美しいフォントを持つ最初のコンピューターの誕生です。もし大学であの講義がなかったら、マックには多様なフォントや字間調整機能も入っていなかったでしょう。ウィンドウズはマックをコピーしただけなので、パソコンにこうした機能が盛り込まれることもなかったでしょう。もし私が退学を決心していなかったら、あのカリグラフの講義に潜り込むことはなかったし、パソコンが現在のようなすばらしいフォントを備えることもなかった。もちろん、当時は先々のために点と点をつなげる意識などありませんでした。しかし、いまふり返ると、将来役立つことを大学でしっかり学んでいたわけです。

繰り返しですが、将来をあらかじめ見据えて、点と点をつなぎあわせることなどできません。できるのは、後からつなぎ合わせることだけです。だから、我々はいまやっていることがいずれ人生のどこかでつながって実を結ぶだろうと信じるしかない。運命、カルマ……、何にせよ我々は何かを信じないとやっていけないのです。私はこのやり方で後悔したことはありません。むしろ、今になって大きな差をもたらしてくれたと思います。

（2011年10月9日の日本経済新聞ウエブサイトに掲載された翻訳より一部抜粋）

ジョブズのスピーチが自分の経験と思いを語る共感ストーリーであることはもちろん、注目すべき点はもうひとつあります。ジョブズがマッキントッシュの設計時に大学時代にカリグラフィー（美しい書体）を学んでいた過去の経験。それが未来に美しいフォントを持つ最初のコンピューター・マッキントッシュの誕生につながったということです。

ジョブズは大学当時、「将来をあらかじめ見据えて、点と点をつなぎあわせることなどできません」とも言っている通り、そんな未来がくるなんてわかっていません。ただ、こうも言っています。

「できるのは、後からつなぎ合わせることだけです」

まさに共感ストーリーはこのように「過去」「現在」「未来」をつなげて語るということなのです。あの時の過去の経験や思いが、現在の今を作り、さらに転職した先の明るい未来を作るのです。

6 共感ストーリーで選ばれる転職面接5つの理由

ここからはなぜ、共感ストーリーを語ると転職面接で選ばれるのか？
以下の5つの理由を解説していきます。

❶緊張が和らぎ自信を持って語れるので、選ばれる
❷生き生きとした魅力ある話し方で、選ばれる
❸短い時間で親しみと共感を湧かせて、選ばれる
❹多人数の中で差別化され、選ばれる
❺説明と比べて22倍記憶に残り、選ばれる

❶緊張が和らぎ自信を持って語れるので、選ばれる

転職志望者に向けて模擬面接をしたあと、私はまず「話してみてどうでしたか？」と訊くことにしています。その答えはみな、ほとんど同じです。

「はあー、緊張しました」

そうですよね。面接は緊張してしまいます。そんな、頭が真っ白になったり、心臓がバクバクするような面接は避けたいものです。

では、あなたが面接で緊張する理由はなんでしょうか？　多くの方がこのようなことを挙げてくれます。

「自分の転職志望の理由をなんと話せばいいのかわからない」
「自分の何がアピールになるのかわからない」
「採用担当者に自分がどう見られているのかわからない」

そう、「わからない」ことが緊張につながるのです。

でも、実はこれ、現役アナウンサーの転職志望者も同じです。アナウンサーのように人前に立つような職業の人でも、面接は緊張するのです。

話が上手で、毎日のようにテレビに出ているアナウンサーでも面接で緊張してしまうという事実。ここから見えてくるのは、面接で緊張しないで自信を持って話せるようになるには、話の上手さや慣れとは関係がないということです。

ではどうしたら、緊張しないで面接に臨むことができるのか？

簡単です。**自分の「わからない」をつぶしていくことです。**しっかりと自分のことを「わかっている」状態にする、自己理解することが大事なのです。

多くのアナウンサー転職者が面接で緊張してしまうのも自己理解ができていないからです。ニュースの原稿を耳心地よく読み伝えたりすることは得意。お店やイベントをリポートする時は情報をかみ砕いてわかりやすく説明することも得意です。

でも、仕事では自分について話すことは基本、求められていません。だから、上手に話せても、自分が本当は何がしたいのか、何が強みなのか、わからない人が多いのです。

話を戻します。

共感ストーリーは自分の過去、現在、未来を語ることだと、前述しました。要は、共感ストーリーが語れるということは、自分の人生の点と点を一本の線として結びながら、自分自身のことを把握しているということです。それは、自分について何を訊かれても、自信を持って答えられる状態であると言えます。

転職で選ばれる共感ストーリーを作ることは、緊張が和らぐのはもちろん、自己理解、自己分析にもつながります。

ただでさえ今の仕事で忙しい転職志望者にとっては嬉しい、一石二鳥が得られるプレゼン手法なのです。

❷生き生きとした魅力ある話し方で、選ばれる

「どうしたら、生き生きと魅力ある話し方ができるようになりますか？」

多くの転職希望者に聞かれる質問のひとつです。

「逆に、どうしたら生き生きと話せると思いますか？」と私が意地悪にも質問返しを

すると、「笑顔で楽しそうに話す」「声を高くして明るく話す」「身振り手振りなど、ジェスチャーをつけて話す」などといった答えが返ってきます。

確かに笑顔で明るく、身振り手振りを交えて話している様子は生き生きして見えます。でも、これは、そう見えているだけです。

面接官も数多くの転職志望者に出会い、面接を繰り返してきていますから、「生き生きと話している風だな」とおのずとわかってしまいます。メッキは剥がれてしまうものです。

どうしたら生き生きと魅力的な話し方になれるのか、とお悩みのあなたは、まず自分に問うてみてください。**「それ、本当に伝えたいこと？」**と。

大事なことはあなたがなぜ、その話をするのか？　ということ。話の内容が大事なのです。

話が上手いアナウンサーでも転職面接では上手く話せないのは、話している内容が本当に伝えたいことではない、あるいは今ひとつ腑に落ちていないなど、曖昧な気持ちで話すからです。

もしあなたが「この話をぜひ聞いてもらいたい！」という心からの思いがあればその熱量は生き生きと魅力的な話し方となって表現され、しっかりと面接官に伝わります。

もちろん、話し方のテクニックも大事です。ただ、順番が違うのです。話の内容が先。そして次に、効果的に面接官に伝えるための手段として話し方テクニックがくるのです。

自分が本当に伝えたい話の内容を共感ストーリーで伝えると、演出いらずの自然な笑顔と明るい声で話すことができます。そして、伝えたいという熱い思いからつい出てしまう身振り手振りのジェスチャーは、話の内容をより際立たせるスパイスとなります。こうなると、面接官が「うんうん」とうなずきながら、話を聞いてくれること間違いなしです。

ちなみに、声に関してはお悩みの方が多いと思いますが、しっかりと面接官に届く声で話せばいい。これだけできていれば、問題ないと私は思います。

でも、「どうせならいい声で話したい」という方もいるかもしれません。そんなあなたにお伝えしたいのは、**声は「高い声だからいい声」「低い声だからいい声」などと定義づけられるものではないということです。**

アナウンサー志望者の多くは、アナウンススクールに通って発声や活舌、腹式呼吸といった、いい声を出すためのトレーニングをします。はっきりした聞き取りやすい声。明るく高い声。そんな憧れの声を手に入れても、面接が上手くいかない子たちはいます。

……実はこれ、過去の私です。「いいですね。聞き取りやすい声ですね。活舌もいい。ニュースのアナウンサー向きだね！」などと、大学時代に通っていたアナウンススクールでは、手前味噌ですが声について褒められていたのです。それで私はもう、アナウンサーになった気でいました。その後、本試験がはじまったのですが、なぜか面接が通らない。愕然としました。「今までアナウンススクールで頑張ってトレーニングしてきたのは何だったのだろう」と、その後、自信をなくした私はアナウンサー受験を辞めてしまったのです。

今、振り返ると、落ちた面接では、か細い声で自信なく話していました。なぜか？自分が話す内容に自信がなかったのです。「これでいいのかな」「変な風に思われないかな」そんな不安が頭をよぎって、ボソボソと聞き取りづらい声で話していたのです。

この経験から、私にとっていい声の定義は、こうなりました。

「いい声とは自信を持って、自分の言葉で話しているときの声である」

ですから、STORYアナウンススクールでは、多くのアナウンススクールがカリキュラムに入れている発声、活舌トレーニングがありません。それでも、弱々しい声で話していた生徒たちは大変化して、自信を持って面接で話せるようになり、内定を勝ち取っています。その秘密が話の内容、共感ストーリーなのです。

❸短い時間で親しみと共感を湧かせて、選ばれる

転職面接で選ばれるためには共感が必要だと前述しました。では、そもそも「共感」とは何でしょうか？　広辞苑を引いてみると、

共感：他人の体験する感情や心的状態、あるいは人の主張などを自分も全く同じ

ように感じたり理解したりすること

ということです。

これは自分が体験してないことでも、他人の話に感情移入するということ。つまり、他人事ではなく「自分事」として相手を受け入れるということなのです。

ここで、ペンシルバニア大学マーケティング学部のデボラ・スモール教授らが行った、寄付に関する実験をご紹介したいと思います。被験者を2つのグループに分け、片方には寄付金の必要性を示す説得力ある「事実」を、もう一方には寄付金を必要としている、ある個人の「ストーリー」を伝えました

●「事実」を伝える文章

マラウィでは食糧不足で300万人以上の子供が影響を受けている。ザンビアでは厳しい降雨不足によって、2000年以降トウモロコシの生産量が42％減っており、推定300万人が飢餓状態にある。アンゴラでは400万人（人口の3

分の1）が家を捨てて避難生活をしている。エチオピアでは1100万人を超える人々が緊急の食料援助を必要としている。

●「ストーリー」を伝える文章

あなたの寄付は、アフリカのマリに住む7歳の少女・ロキアちゃんに届けられます。

ロキアちゃんの家族は貧しく、飢えの脅威にさらされ、餓死の恐れさえあります。あなたの寄付で、彼女の人生が開けます。

あなたのような思いやりのある方の支援により、セーブザチルドレンはロキアちゃんの家族や地域の人々と力を合わせ、彼女に食事と教育、基本的な医療を提供します。

前者の「事実」を伝える文章を提示したグループから集まった寄付の金額は平均1・14ドル。後者の「ストーリー」を伝える文章を読んだグループの平均は2・

38ドルと、2倍以上の差がついたそうです（デービッド・アーカー著『ストーリーで伝えるブランド　シグネチャーストーリーが人々を惹きつける』ダイヤモンド社より一部抜粋）。

この研究結果から見えてくるのは、説得力ある「事実」よりも、7歳のロキアちゃんを助けたいなどの思いを織り込んだ「ストーリー」で心を動かされたほうが、寄付をしたいという気持ちが高くなるということです。遠いアフリカのマリ。行ったことがない人がほとんどでしょう。そして7歳のロキアちゃんにも会ったことはありません。それでも、ストーリーの力でイメージが沸き、「自分事」として捉え、ロキアちゃんを助けたいという思いから寄付をしたのです。前者のただの説明だけでは、自分の知らないどこかでそんなことが起こっているのかと、積極的に興味関心が持てない人のほうが多いのです。

転職面接に話を戻しましょう。

例えば、20代の転職志望者と50代の面接をする会社の採用担当者。年齢も立場も、全く違います。それでも共感ストーリーを効果的に使えば、20代の若者の話に50代のベテランが感情移入してしまうということです。これは凄いことだと思いませんか？

❹多人数の中で差別化され、選ばれる

以下に引用するのは、ゲーム機器メーカー「任天堂」キャリア採用のＷｅｂデザイナーの募集　要項です。一部抜粋したものをご覧ください。

●Ｗｅｂデザイナー

【必須条件】

- Ｗｅｂデザイナーの実務経験が3年以上
- 伝えるべき情報やコミュニケーション課題に対する情報処理・画面設計・デザイン力
- HTML、CSS、JavaScriptなどの基本的な技術知識
- 外部のプロダクションとの共働経験

※日本語ネイティブもしくは日本語能力試験N１またはそれと同等以上の日本語能力をお持ちの方

【必須条件に加え、以下のいずれかのスキルや経験をお持ちの方歓迎】

- 大規模サイトのデザインシステムの構築・運用経験
- マークアップならびにコーディングスキル
- 動画やインタラクションの制作、またはディレクションの実務経験

ここからわかることは、ひとつの仕事の応募に同じような経験とスキルを持った人たちがどっと集まり、選考が行われるということです。

有名企業で経験者など、上には上がいます。スキルやスペック勝負では限界があるのです。**スキルやスペックだけでは勝負しないことが、転職面接では大事なポイントです。**

さて、「任天堂」キャリア採用のＷｅｂデザイナーの募集要項、実は続きがあります。【求める人物像】という項目がありました。

【求める人物像】
- 独創性・柔軟性・スピード感を持ったクリエイティブの制作に加え、ディレクションまで携わった経験がある方
- お客様の視点でコミュニケーションを提案できる方
- 流行や最新の技術などに偏らず物事の本質や課題を捉えた提案ができる方
- 共同作業に際し、周囲の人と円滑に連携でき、サービス精神の旺盛な方

ここが差別化のポイントです。独創性・柔軟性・スピード感、そしてお客様視点のコミュニケーションの提案ができる人なんだと、そう感じさせる共感ストーリーを話せばいいのです。

既存の就職・転職関連の本は、すぐに実践できるテクニックや、業種別に「面接ではこう答えたらよい」などといった模範解答例が満載です。

でも、採用側の気持ちになってみてください。どこかで聞いたような質問の回答だと「ああ、またか。面接対策本の模範解答を丸暗記してきたんだな」と飽き飽き

され、ものの見事に落ちることでしょう。

「マニュアル通りに答えたのに……」と思うかもしれません。でも、マニュアル通りに答えたから落ちたということが事実です。**あなたの人柄、どういう人なのかということを、採用側は知りたいのです。**

では、どうやって人柄を伝えることができるのか？

それがあなただけの共感ストーリーを語るということなのです。

自分と同じような経験とスキル、スペックの人はたくさんいます。その中で、あなたの共感ストーリーはあなただけのものです。誰にも真似することはできません。転職面接では共感ストーリーを語ることで、大人数の中で選ばれるのです。

❺説明と比べて22倍記憶に残り、選ばれる

私はアナウンサー内定コーチとして10年以上、アナウンサー志望者の学生さんやアナウンサー未経験の社会人の方を内定に導いてきました。そんな中、驚くべきお

申込みメールが届きました。

「新卒時にお世話になった○○です。今、転職活動をしているのですが上手くいきません。また松下先生のお世話になりたいです」

メールの相手は現役アナウンサーの元生徒からでした。「え？ うそでしょ？ だって、あなたはすでにアナウンサーじゃない？」と私は思いました。アナウンサーはしゃべりのプロだし面接も問題ないでしょう、と感じたのです。

でも、すぐに彼女が私にヘルプを求めてきた意味がわかりました。本番さながらに模擬面接をさせてもらった時のことです。「はい、私は今、○○放送局のリポーターとして……」彼女は笑顔で、活舌よく流暢に話をしてくれました。ぱっと見の好感度の良さはさすがだなと思いました。

でも、話が面白くなかったのです。彼女はこんな話をしてくれました。


「私は今、○○放送局でアナウンサーをしています。夕方のニュースを担当している他、中継も担当しています。企画から取材相手へのアポイントメント、当日の出演と様々な仕事をしています。よろしくお願い致します」

どこが悪いの？　そう思われた方も多いかもしれません。一見、なんの問題もなさそうですよね。

でも、この話は、彼女でなくても、誰でも語れる話なのです。

実はアナウンサーなら皆、ニュースも読めば、中継もやります。さらに企画や取材相手のアポイントも同じくです。ただ、自分の仕事の内容・業務内容を話しているだけでは、その他大勢と同じで、選ばれません。

これは彼女だけではなく、多くの「転職志望者あるある」なのです。

「飲食店で店長業務をしてきました。今はエリアマネージャーをしています」

「機器メーカーで営業をしています。その前はブライダル業界で営業を2年間してきました」

「医療メーカーで広報のアシスタントをしてきました。社内報の企画・編集や決算時のＩＲ情報などを担当してきました」

「ああ、そうなんですね。やってきたんですね」ということはわかる。でも、ただ「やってきた」仕事の羅列では印象に残りません。

なぜなら、同じような経験やスキルを持った人たちがドッと面接に集まって、採用担当者は何十人、何百人と面接をしていくわけです。それも選考は面接が終わった後、時間がたってから行われます。正直、よほどのインパクトがなければ、あなたという存在を忘れてしまいます。

インパクトというと、少し奇をてらった発言や態度を見せて、採用担当者の気を引こうとする行為のことをいうのかと思う人もいるかもしれません。でも、採用者目線になってみてください。変わっている風で扱いづらそうな人を、積極的に採用するでしょうか？

ですから、無理に奇をてらうようなことは、しなくていいのです。

ではどうしたらいいのか？　そこで共感ストーリーの登場です。

スタンフォード大学のマーケティング担当教授、ジェニファー・アーカーによると**「物事は事実や数字の羅列で伝えるよりも、物語にするほうが22倍記憶に残りやすい」**という研究結果が出ています。

たとえば、「1週間前の晩ご飯はなんでしたか?」と聞かれても、すぐに答えられる人はそういないと思います。でも、「一番最近の自分の誕生日に、誰と一緒に何を食べましたか?」という問いにはきっと、答えられるでしょう。家族や恋人、友達など大切な人たちと一緒の誕生パーティーや食事会。中には仕事でひとり、会社で誕生日を迎えたという方もいるかもしれません。

いずれにしてもそこには、あなたにとっての「誕生日ストーリー」があります。だから、記憶に残っているのです。

転職面接でも自分の物語、共感ストーリーを話して、多人数の転職志望者の中で「記憶に残る人」になりましょう。

第2章

「共感ストーリー」を作るために「あなたの現在」を掘り起こす

1 転職で後悔しないために「あなたの現在」を掘り起こす5つの質問

「よーし！　転職面接で選ばれるには共感ストーリーで語ることですね！　その具体的な方法を教えてください！」

と、やる気になっているあなた、ちょっと待ってください。

実は共感ストーリーの手法をお教えする前に、やらなくてはいけないことがあります。

それは、あなたが自分自身について知るということです。

すぐに希望とする会社に内定が出る方や長く時間がかかる方、中には転職活動を辞めてしまう方もいます。ここはスキルや経験のある／なしは関係していません。どんなに素晴らしい優秀な人でも、転職が上手くいかない方もいるのです。

顕在意識と潜在意識

いったい何が違うのか？　シンプルに答えはひとつです。**「本当に転職したいかどうか？」という気持ちがあるかどうか、ということです。**

転職が上手くいかない人の多くは、頭では「今の仕事がイヤだ、転職したい」と思っている。でも、「本当は転職活動するのは面倒くさい。このままでいい」とも思っていて、なかなか具体的な行動に移せなかったり、頑張って面接に行っても上手くいかなかったりするのです。

「潜在《せんざい》意識《いしき》」という言葉を聞いたことがあるでしょうか？　これは心の奥底にあって、本人も気づいていない意識のことをいいます。

ドイツの精神分析学者、ジークムント・フロイトは「意識は氷山の一角に過ぎず、90%以上は無意識（潜在意識）が人の行動に影響している」と語りました。

例えば、ダイエットがいい例です。「痩せたい」と思いつつ、痩せられない。これは「運動をしたくない」「食べたいものを食べたい」「制限されたくない」といった無意識が、「痩せたい」という意識に勝っているのですね。中には太っているほうが自分にとっては都合がいい場合もあって、痩せられないという人もいます。


話を戻します。

転職で後悔しないためにあなたはまず、本当に自分は転職をしたいかどうかを知る、いえ、自分ではまだ認識していない思いを「掘り起こす」必要があるのです。

その手段として、まず、以下5つの質問に答えてみてください。

❶そもそも、なぜ転職をしたいのですか？
❷それ、今いる会社で叶えられないですか？

❸それ、どうしても改善できないですか？
❹本当に今、転職したいですか？
❺自分の転職志望ストーリーに共感できていますか？

では、一つひとつ、一緒に見ていきましょう。

❶そもそも、なぜ転職をしたいのですか？

「なぜ転職したいのか？」この質問は実際の面接でも聞かれるものです。
ここが曖昧だと、面接突破は難しいのはもちろん、自分の中でもどうしても転職しないといけないという理由が見つけられないわけですから、転職への行動意欲が低下してしまうわけです。

この手の質問にはどうしても建前で考えてしまいがちですが、何よりも「本音を掘り起こす」ことが重要です。ご参考までに転職・求人サイト「doda（デューダ）」が調べた「みんなの本音を調査！　転職理由ランキング」をご覧ください。

転職理由ランキング(総合)1位〜10位

順位	転職理由	割合
1位	給与が低い・昇給が見込めない	35.0%
2位	昇進・キャリアアップが望めない	29.4%
3位	会社の評価方法に不満があった	26.8%
4位	社内の雰囲気が悪い	26.7%
5位	肉体的または、精神的につらい	24.3%
6位	スキルアップしたい	24.0%
7位	業界・会社の先行きが不安	23.9%
8位	社員を育てる環境がない	23.7%
9位	労働時間に不満(残業が多い/休日出勤がある)	23.5%
10位	尊敬できる人がいない	23.2%

※2020年7月〜2021年6月　転職・求人サイトdoda(デューダ)調べ

「給与が低い・昇給が見込めない」が35・0％で1位。2位は「昇進・キャリアアップが望めない」（29・4％）、3位「会社の評価方法に不満があった」（26・8％）と続きます。

10位までご覧になってお気づきかもしれませんが、不満や不安といったマイナスな理由から転職したいと多くの方は思うのです。あなたはいかがでしょうか？

実は近年の脳科学の研究で、人はプラス感情よりもマイナス感情に反応しやすいということが明らかになりました。私たちは1日でも長く生き永らえたい、生存したいという欲求があります。だから、目の前にあるトラブルやリスクを避けたいとどうしてもマイナスな事象に目がいきがちです。**これを「ネガティビティ・バイアス」と言います。**

まずは自分が転職したいという理由を掘り起こして、本音を知るということ。「どうにかして現状から逃げたい」というマイナスな理由であったとしても、そんな自分に罪悪感を持たずに、確かにそう思っているのだという事実を知ってください。
とはいえ、多くの転職本では、「転職の理由を前向きな、プラスな内容で話しましょう」といったことが書いてあります。もちろん、「実は、今の仕事に不満があって……」という内容では、表情も話している雰囲気も暗いですし、良い印象を残すのは難しいです。とはいえ無理やり、プラスな話を作り上げる必要もありません。

重要なのは「マイナスをプラスに変換する力」です。

どういうことかと言うと、例えば、先ほど挙げた転職理由ランキングの1位にあった「給与が低い・昇給が見込めない」。これは要は、自分の能力や努力に見合った評価がされていないことへの不満です。
ですからこれを、次のようにプラスに変換してみましょう。

「給与が低い・昇給が見込めない」

⬅【プラス変換！】

「自分の能力をさらに活かしてバリバリ働きたい」

どうでしょう？　「給料が安いから転職したい」という理由では気持ちがイマイチ上がらないという方も多かったと思いますが、「自分の能力をさらに活かしてバリバリ働くために転職をする」という定義だと、ちょっとワクワクしませんか？

これがプラス感情の力です。

さて、もう一度、お尋ねします。

「あなたはなぜ、転職をしたいのですか？」

❷それ、今いる会社で叶えられないですか？

「夕方のニュースを担当したいのですが、この3年、中継のリポーター担当なんです。転職を希望しています」

アナウンサーの転職理由としては「自分がやりたい仕事ができない。だから転職したい」ということを挙げる方も多いです。そんな方には私は必ずこんな質問をします。

「それ、今の会社で叶えられないですか？　やりたいって言ってみましたか？」

「いいえ、言ったことないです」

およそ10年、転職の相談に乗ってきた中で8割の方はこんなふうに、自分の希望を言っていない場合が多いのです。

「なぜ、言わないの？」という問いかけについて、答えはさまざまですがひとつ、共通点があります。

「自分はまだ経験が浅いので」
「同僚も同じ仕事をやりたいと言っているので」
「ベテランの方がずっとその仕事をやってきているので」

……という言葉のあとに、「無理だと思います」が続くという点です。

〝無理って誰が決めたの？〟と私は言いたいところですが、**無理だと決めているのは、そう言っている自分自身なのです。**無理かどうかは伝えてみないとわからないのです。

あなたにやらせてみようか、となるかどうかは、あなたが決めるのではない。最終的な判断は、会社や上司が決めることなのです。

自分で自分の可能性を狭めてしまうのは本当にもったいないです。そして、転職してその希望の仕事に就ける可能性は、いったい何%なのでしょうか？

転職活動ではお金と時間と労力がかかります。あなたがやりたい仕事が今、目の前にあって、希望を伝えたらできる可能性があるなら、まずは伝えることが大事なのです。

「あ、やりたいんだね。じゃあ、次回のプロジェクトメンバーに入ってもらおうかな」なんて、あっさりとＯＫの返事がもらえたりするものです。

そして、転職面接でも、面接官からよくこんな質問をされることがあります。

たとえば、転職の志望動機として「自分オリジナルの商品の企画をやりたいのですが、今の会社ではできないので御社への転職を希望します」と話したとします。

「会社の上司に言ってみた？　今の会社で自分の商品企画ができるように何か、行動したこと、ある？」

「……特にないです」

この回答だと、消極的だなと受け止められたり、自社でも嫌なことがあったら努力せずにすぐに辞めてしまうのではないか？　そう思われることでしょう。

ですから、やりたいことがあって転職したいというあなたは、まずは今いる会社でそれが叶えられないかどうかを考え、動くことからやってみましょう！

「やりたい仕事がありました。今の会社や上司に働きかけたけど、でも無理だった」

これは立派な志望動機になりますからね。

❸それ、どうしても改善できないですか？

転職したい理由として、他にやりたい仕事があるというよりも、今の職場のマイナスな状況や働き方を変えたいという気持ちが強い人も多いです。とはいえ、会社のあり方を変えることは正直、難しいですよね。

でも、1つだけ方法があります。

それは、「自分自身を変える」ということです。


仕事が面白くないなど、何か不満があって転職したいあなたは「もっと改善できるやり方はないか」「ほかに効率的な方法はないか」と意識しているでしょうか？

仕事に対して主体的に取り組めているかどうかを振り返ってみましょう。

日々の仕事を会社や上司にやらされていて、「自分には本当は関係のない仕事だ」と他人事にしてませんか？　だから、つまらなく感じてしまうのです。**これを「自分事」としてとらえて、前向きに仕事に取り組んでいくようにすると、つまらなかった仕事への見方も変わるでしょう。**

人によっては、成果が出たことで仕事が面白くなったり、仕事への工夫や積極的な行動から、一緒に働く仲間同士のつながりが深まり、仕事が楽しくなります。

ある会社の女性社員に、こんな悩みを聞かせてもらったことがあります。

「お客様が来たら、受付での対応やお茶だしなどはみんなでやると決まっています。なのですが、結局、私が全部、やることになっています。とてもストレスを抱えています……」

彼女は接客や雑用で多くの時間をとられ、やらないといけない自分の仕事に集中できないことに悩んでいて、転職も考えていました。

「その状況を上司に伝えましたか？」私は聞きました。

「はい、伝えています。わかりましたとは言ってくれているのですが、あまり重く受け止めてもらえてないようで、なかなか改善しません……。何度も言うことで、『自分のことしか考えていないやつだ』と思われても嫌なので、これ以上は言いづらいです」

彼女は〝伝える〟ということを、ちゃんとしていたのですね。それでも改善しない。さらにもう、これ以上は言えない雰囲気。

でも、大丈夫。とっておきの秘策があります。

上司に要望を伝えるための伝え方、３ステップです。

それは、**「マイナス状況をプラスに置き換えて、上司に与えられるメリットを伝え**

る」ということです。

まずは1ステップ。「マイナスな状況の説明」ですね。

接客や雑用担当になっているため、自分の仕事に集中できないというマイナス要素の説明。これは自分の感情を入れずに事実だけ伝えるとよいでしょう。

そして2ステップは「プラスに置き換える」。

今回で言うと、「私が仕事に集中する時間があれば、きっと成果も上がります」というプラスな言い方にする。

マイナスな状況説明ばかりでは、聴いている方もうんざりしてしまいます。ですから、マイナス状況を説明したあとは、必ずそれをプラスな言葉に置き換える。

そして、3ステップは「上司に与えられるメリットを伝える」。

今回、「○○さんが仕事に集中できたら上司に与えるメリットって何ですか？」と伺ったところ、

「お願いされている企画書や資料提出が早まることですね。あとは、残業をしないで帰ることができることです」

とのこと。

「それです！　会社や上司は生産性や効率化という言葉に弱いですからね。さらに重要なのが数字です。具体的な数字を入れて、どれだけのメリットがあるのか〝見える化〟して伝えましょう！」

と、私はアドバイスしました。このように伝えれば、何も自分のことばかりを要求しているのでないということを、わかってもらえるはずです。上司にとってメリットになるものは、ひいては会社に与えるメリットになります。

その後、彼女からは「上司に上手く伝わって、仕事に集中できる時間が増えました」と嬉しい報告がありました。

伝え方ひとつで、あなたが転職したいと思うほど嫌なことは、改善されるかもしれません。

❹今、転職に向けての行動ができていますか？

転職したいのですが……というお悩みを持つ皆さんからは、メールやＬＩＮＥでご相談の連絡があります。メッセージの内容は今の仕事への不満や、こういう仕事をやりたいといった前向きな思いなどさまざまですが、どれも転職したいという熱い思いが書かれています。そこで直接お話を伺うと、やはり変わらず仕事への不満のほか、新しい仕事への思いなど、前向きな気持ちを伝えてくれます。

ふむふむ、意志は固そうだなと思い、「じゃあ、転職に向けて動いていきましょうか！」と声をかけると、一転、

「今、大きな仕事をやっている。来年だったら、タイミングがいい」
「現段階で受けたい企業がない。また、志望する企業の募集が出てきたら考えたい」
「今の会社で、もう少し経験を積んで、自信がついてから転職活動を始めたい」

と、転職はしたいと思いながらも実際にはできない理由を話す方々が、一定数の割合でいるのです。

「えー、まだ気持ちが固まってなかったの？」と驚くばかりなのですが、要は〝転職はしたいけど、今じゃない〟ということなのでしょう。

私からすれば先ほどの「転職が今じゃない」理由（「大きな仕事の真っ最中」「受けたい企業がない」「自信がついてから」）は、本当に転職をしたかったら、完全に無視できてしまう理由なんですよね。

「今が転職できない状況」なのではなく、あなた自身の心が「今じゃない」わけです。

頭では転職したい。でも、心の奥底、潜在意識では行動したくない。

頭で考えていることと、心の奥底で考えていることが一致しないと、転職への行動ができないのです。

転職したいのはわかります。でも重要なのは、「今、転職に向けての行動ができるかどうか」なのです。

いかがでしょうか？

❺自分の転職志望ストーリーに共感できていますか？

「転職面接の本なのに、転職をさせたくないのだろうか……」

❶から❹までの質問から、そう感じた方も多いと思います。

私は、口では転職したいと言いつつ、さまざまな言い訳をして行動ができない多くの転職志望者に会ってきました。

どんなに素晴らしい転職ノウハウを身につけても、本人が行動をして、実践をしなければ、何の役にも立ちません。望み通りの転職を叶えるには「本当に転職したいのかどうか、自分の真の思いを掘り起こす」ということ。

これが私が、競争倍率1000倍以上と言われるアナウンサー試験で行きたい会社に転職させている秘密なのです。

そして5つ目の最後の質問です。

「自分の転職志望ストーリーに共感できていますか？」

本書は、面接官を共感させて選ばれるプレゼン手法「共感ストーリー」をテーマにしています。そのメソッドを使って面接官より先に、共感させないといけない相手がいます。

それは、あなた自身です。

共感ストーリーメソッドは、「自分の経験と思いを語る」というプレゼン手法。ですから、自分で自分に共感できないのに、他人である面接官を共感させることはできないのです

特に「自分の転職志望ストーリーに共感できているか？」を問うことが大事です。なぜ、転職したいのか？　なぜ、この会社に入りたいのか？

語ることで、熱い想いがこみ上げてくる。
語ることで、ワクワクした気持ちになる。
そんな熱く、ワクワクして志望動機を語る自分に「わかる、わかる」「ほんとそうだよね」と、共感できているかどうか？

志望動機は、転職活動する上でのエネルギーの源です。

今の仕事をしながらの転職活動は、時間もお金も、労力もかかります。

もう、今のままでいいかなと思ってしまうことも少なくありません。

それでも、自分の未来はこうありたい、こうしたい、現状を変えたいという思い、いわゆる志望動機に共感するから、私たちは転職活動を続けることができるのです。

そして、面接本番でも自分への共感は、内定を後押ししてくれるエネルギーとなります。

特に思いもなく、曖昧な理由から始めた転職活動の場合、淡々と話し伝えてしまいがちです。ですが、自分に共感していたら、伝え方も熱を帯びたものになるということは、イメージが湧くのではないでしょうか。


「自分で自分に共感できていないのに、面接官を共感させることはできない」

さあ、あなたはどうでしょうか。自分に、中でも「転職志望動機ストーリー」に共感できていますか？

2 「転職しない！」という決断もあり

前項では5つの質問から、自分が本当に転職したいのかどうかを掘り起こしながら、今の仕事でもやりたいことができる方法や不満を改善する方法を教えてきました。

中には、〝転職しなくてもいいかも〟と思った方もいるかもしれません。

はい、そうですよ。**「転職をしない」という決断もありなのです。**

転職サポートをさせていただく中で、「転職しなくてもいいんじゃないですか？」と言わせてもらうことが多々、あります。

「……『転職をしない』という決断もありって、じゃあ、どうなったら転職すべきなのですか？」

実はこの本の執筆中に担当編集者さんからも、そんなツッコミの質問をもらいました。

はい、お答えします!

「転職しなくてもいいんじゃないですか?」と言われたら、「いえ、転職したいです。なぜなら!」と、自分なりの強い気持ちで転職したい理由が話せれば、それでいいのです。

他人に「こうしたら」と言われて、そうだよねと丸め込まれてしまうようでは、まだ本気ではないということです。

それも、ご両親や恩師、友人など自分にとって大事な人に「転職しなくてもいいんじゃないですか?」と言われたと想定してみてください。

大事なあの方から言われて、あなたがどんな気持ちになって、どう答えるかが大事なのです。

さあ、どう答えましたか?

ですから、「『転職をしない』という決断もありなら、どうなったら転職すべきなのか？」の答えは、

「それでも転職したいです！　なぜならば！」

と熱く、そして転職したい理由を話せるようになった時にスタートするです。

3 「転職して○○な状態になる」と先に未来を決める

あなたの現在を掘り起こして、本当に転職したという気持ちが固まったら、次は未来を作っていきましょう。

転職することがゴールではありません。この本を手に取ったあなたは、転職することで高収入が得られるようになったり、さらに自分の活躍の場が広まったりという成果を求めているかと思います。

私たちはイメージできないものは、手に入れることができません。

ですから、転職した先で、どんな状態であることがあなたにとって望みを叶えていることになるのか？　そして幸せになれるのか？　これを明確にする必要があります。

願望達成法を書いた本田健さんの書籍『決めた未来しか実現しない』（サンマーク文庫）は、私の大好きな一冊です。この本にも、願望を実現させるには未来を明確化させることが大事だということが書かれています。

一部、ご紹介いたします。

あなたが車でどこかに出かけるとき、何も考えずに、とりあえず出発してみるということはないと思います。

行き先の場所が分からなければ、おそらくナビゲーションに目的地をインプットするのではないでしょうか。

それと同じで、夢をかなえたいなら、まずそれを明確にしなければなりません。

それは、自分にとっての「最高の未来」がどのような形なのかを、はっきりさせることであると言えます。

あなたにとっての「最高の未来」とはどのようなものでしょうか。

実は、ここがはっきりしていない人が少なくありません。

例えばタクシーに乗り、運転手さんに「どちらまで?」と聞かれて「さあ?」と答えたのでは、タクシーはどこにも行きようがありません。

レストランで「ご注文は?」と聞かれて、「実は、まだはっきり決まっていないんです」と答えたのでは、どんなに待っても料理が運ばれてくることはないでしょう。


人生でも同様で、自分の人生にオーダーを出さなければ、最高の人生を手に入れることができません。

その最初のステップは、自分にとっての「最高の未来」がどのようなものなのか、「最高の人生」とはどのようなものなのかをはっきり描くことです。


そう、ただの未来ではありません。

大事なのは、「最高の未来」を明確化させるということなのです。

最高の未来を明確化するための具体的なステップは、これから説明していきます。

一緒に最高の未来を描いていきましょう。

4 人は「プラス」の感情で積極的に行動できる

転職する上で、私たちにはやらないといけないことがたくさんあります。

・企業・業界研究
・証明写真の撮影
・志望動機の文章作成
・自己PRの文章作成
・履歴書・ESの作成
・職務経歴書の作成
・筆記試験対策　など

会社によっては作文提出や、最近では1分自己PR動画の提出も増えています。

さらに、業界によって提出物が変わります。

例えば、WebデザイナーやWebディレクターなどのクリエーター転職では、ポートフォリオ（自分が手掛けた案件をビジュアル化してまとめたもの）の提出は必須です。

転職した後の最高の未来はどんな状態か、明確化していく上で大事なことがあります。

それは、プラス感情をワンセットにすることです。

多くの転職志望者が今の仕事や働き方に不安、不満といったマイナス感情を持っています。そんな嫌なマイナス感情から解き放たれ、プラス感情に変換したいから、転職したいと思うのです。プラス感情とは「充実」「やりがい」「幸せ」「喜び」といった感情のことです。

転職した先の「最高の未来」には、充実感があり、やりがいを感じ、幸せや喜びに満ち溢れた世界が待っている！

そう思うと、転職活動への行動が積極的にできるようになり、望む転職を叶えられるのです。

5 転職した未来の自分からの3つの質問

転職した先の「最高の未来」をより具体的にイメージするために、あなたに3つの質問をします。

❶あなたが転職したい仕事は誰の、何にお役に立てていますか?
❷誰にどんな嬉しい言葉をかけられていますか?
❸あなたはどんなプラスの感情を得ていますか?

質問について一つひとつ、見ていきましょう。

❶あなたが転職したい仕事は誰の、何にお役に立てていますか？

転職ができればどんな仕事でもいい、というわけではないですよね。「ブライダル業界にいた経験を生かして、またブライダルの仕事がいい」とか、逆に「今まで接客業だったから、今度は事務職がいい」など、どんな仕事をしたいかというのは何となくでも、思い描けているのではないでしょうか。

ここで大事なのは「ブライダル」といった職種の〝名詞〟ではなく、「で？　その仕事で、誰の、何にお役に立てているのか？」という問題まで、〝動詞〟としてイメージできているかどうかということです。

たとえば、ブライダル業界といっても幅広く仕事があります。ウエディングプランナー、ドレスコーディネーター、ブライダルエステティシャンやフラワースタイリストなど、たくさんありますよね。

【名詞】ウエディングプランナーの仕事がしたい。
←

【動詞】 ウエディングプランナーとして、新郎新婦の挙式に向けての「どうしたらいいのか、わからない」といった悩みや相談に寄り添い、アドバイスしながら一緒に作り上げていく。

それにより新郎新婦の新しいスタートを演出するお手伝いをしている。

〝動詞〟にしたほうが自分が何をやっているのか、具体的にイメージ沸いてきませんか?

それもプラスのイメージです。

また、面接の場で「具体的にどんな仕事をしたいですか?」という質問はよく訊かれます。

その時に「はい、ウエディングプランナーをやりたいです」だけでは、面接官からしたら物足りないでしょう。

かと言って、自分の心の中にない言葉は、口にすることはできません。

これを機に自分が転職したい仕事についての〝動詞〟=「誰のお役に立てるのか?」

を考えてみましょう。

「私は事務職志望なので大したことは言えません」という方を、たまに見かけます。確かに多くの方が、事務職は「単純作業の繰り返し」「パソコンにずっと向かっている仕事」といったイメージを持っています。とはいえ、もちろん、事務の仕事だって、誰かの役に立っているのです。

たとえば、事務のメインの仕事でもある書類作成、これは誰にお願いされますか？社員の誰か、上司や営業の同僚などですよね。

事務職が「誰の、何にお役に立てているのか？」、〝動詞〟にしてみましょう。

・事務職として、書類作成や処理の他、ファイリングや整理をすることで社員が安心かつ効率的に仕事ができるようサポートしています。さらに社員のサポートを通じて会社組織を支える役目をしています。

そう、事務の仕事は単純作業をすることではないのです。社員が安心して業務に取り組むための縁の下の力持ち、サポーターの役割を果たしているのです。さらに社員のサポートを通じて会社組織を支えるという大事な役目なのですね。

あなたが転職したい仕事は、必ず誰かの役に立っています。

これがわかっていて言葉にできると、仕事への価値観が高まり、ひいては自分自身への価値も高まっていきます。

さあ、あなたが転職したい仕事は誰の、何にお役に立てているのか？

❷誰にどんな嬉しい言葉をかけられていますか？

仕事が誰かの役に立っているということは、相手から必ず何か嬉しい言葉をかけられているはずです。「ありがとう」という感謝の言葉は、パッと思い浮かぶ方も多いのではないでしょうか。

ただ、「ありがとう」と言われて嬉しい、というだけではなく「どのような状況でどのようなことで『ありがとう』と言われたのか？」という具体的な表現ができるようにしておくことが大切です。
たとえば、こんな風に。

「プレゼンの日がいきなり早まって間に合うか不安だったけど、急いで資料を作ってくれてありがとう。内容もばっちり！　おかげで、自信を持って提案することができて、受注できたよ」

相手は会社の営業。あなたはクライアントへのプレゼンに向けて提案資料の作成を頼まれていた。急にプレゼンの日が早まり、営業さんは提案資料ができあがるかどうか不安になっていた。しかし、あなたが急いで資料を作り、営業そしてクライアントも納得のいい資料を作成でき、見事、受注ができた。そんな営業さんからの「ありがとう」。

……と、こんな情景が浮かびますね。

また、「ありがとう」だけではなく、他にも嬉しい言葉はあります。

「あなたのおかげ」「さすが、すごいね」「完璧」「ありがたい、助かる」「元気になる」「信頼しています」など多数。

あなたは誰にどんな嬉しい言葉をかけられていますか？
そして、それはどんな状況でしょうか？

❸あなたはどんなプラスの感情を得ていますか？

仕事におけるプラスの感情というのは「充実感」「やりがい」「幸せ」などです。どんなに有名な会社に入っても、お給料がいい会社に入っても、自分の感情が喜んでなければ、結局は幸せではないのです。

私はこれまで有名企業に勤めている方々のアナウンサー転職をサポートし、内定まで導いてきました。アナウンサーと言っても、多くの方がイメージしているフジテレビやテレビ朝日といった、全国どこでも見られるテレビ局に入るわけではありません。

都市部から縁もゆかりもない県へ。それもその県に住む人しか見ることができない局、いわゆる地方局への転職です。

どうして、今いる会社や地位、環境を捨ててまで地方に行くのでしょうか？

それは、アナウンサーになっている自分が、その地方局に行くことで何らかのプラス感情を得ているとイメージができているからです。

人によっては、「話し伝えることが好き、楽しい」という感情であったり。アナウンサーの仕事を通して、日ごろでは出会うことができない有名人や魅力ある人たちと出会って、ワクワクしたいという感情など、イメージできることはいろいろあります。

そのいろいろなプラス感情にあたるものは自分の場合は何だろうとイメージして、先取りすることが大事なのです。前述した通り、人は「プラス」の感情で積極的に行動ができるからです。

事務の方が早急に良い提案書を作って、プレゼンが成功。営業に「ありがとう！」

と言われた話でイメージすると、

いつもしない残業をしてちょっと大変だったけど、営業さんからこんなに感謝されて嬉しい。自分はただの事務員ではなく、営業の皆さんを支えていると思うとさらにお役に立ちたいな、とやる気になっている。

という気持ちでしょうか？

では、あなたの場合について話を戻します。
仕事で誰かの役に立てて、さらに嬉しい言葉をもらえている。
そんな自分はどんなプラスの感情を得ていますか？

事務の方が３つの質問に答えたものをまとめてみました。

❶あなたが転職したい仕事は誰の役に、どのように立っていますか？

事務職として、書類作成や処理のほか、ファイリングや整理をすることで、社員が安心かつ効率的に仕事ができるようにサポートしている。さらに社員のサポートを通じて会社組織を支える役目を果たしている。

❷誰にどんな嬉しい言葉をかけられていますか?

営業の山田さんからクライアントへのプレゼンに向けて提案資料の作成を頼まれていた。そんな中、急にプレゼンの日が早まったとの報告。日ごろはしない残業をして、どうにか資料作成が間に合った。「プレゼンの日がいきなり早まって間に合うか不安だったけど、急いで資料を作ってくれてありがとう。内容もばっちり! おかげで、自信を持って提案することができて、受注できたよ」と、山田さんから喜びの電話があった。嬉しくて、会社に着く前に移動しながら連絡してくれたという。

❸あなたはどんなプラスの感情を得ていますか？

いつもしない残業をしてちょっと大変だったけど、山田さんからこんなに感謝されて嬉しい。営業を支えるということは、ひいては会社を支えるということだ。自分はただの事務員ではなく、会社を支えていると思うとさらにお役に立ちたいなと、やる気になっている。

これが事務職に転職した場合の未来の自分、いわゆる「未来ストーリー」です。

「単純作業の繰り返し」「パソコンにずっと向かっている仕事」といったイメージがだいぶ変わったのではないでしょうか？

そして、事務職でも人それぞれの未来ストーリーがありますから、自分の場合はどうなるか、それぞれイメージして作ってみましょう。

また、日ごろあまり考えないことだと思うので、苦労した方もいるかもしれません。

ですが、日ごろ考えない、やらないことをやるからこそ、今までのモヤモヤを解消して、望み通りの転職が叶えらるのです。

上手く言葉にならない、自分の感情がわからない方は再トライして、自分と向き合ってみてくださいね。

第3章

転職面接に選ばれる「共感ストーリー」の作り方

1 あなたの「過去」から「現在」を掘り起こす
～共感ストーリーグラフを書く～

ここからは具体的に共感ストーリー作成のステップについて解説していきます。共感ストーリーの定義をいま一度、確認しましょう。

共感ストーリーとは「自分の経験と思いを語ることで、大事な場面で選ばれる」というプレゼン手法です。**重要ポイントは、自分がやってきた経験にプラスして、そのときに得た思い、感情もワンセットで伝えるということです。**

「私はこんなことをやってきました」「こんな経験があります」といった事実の羅列だけでは、「それはあなただけじゃなくて、他にも同じような経験をした人がいるよね？」で終わってしまいます。

経験（事実）の羅列だけでは終わらせない。あなたがその時、どんなことを感じていたのか？　その感情に人は共感し、心を動かされるのです。

共感ストーリー感情グラフ（入社してからの現在までの経験と思いを掘り起こす）

感情には大きく、2つ種類があります。

1つはプラスの感情（快の感情）です。「楽しい」「嬉しい」「ワクワクする」といった、ポジティブな心の動き。

もう1つはマイナスの感情（不快な感情）。「悲しい」「寂しい」「怒り」といった、ネガティブな感情です。

ここで、あなたの仕事における経験と思い（感情）を「共感ストーリー感情グラフ」にして書き出してみてください。

このグラフに書き込むことで、「自分が生きていくなかで、大きな出来事（経験）が起こったときに、どう感じたのか？」

「そして、その先にどんな行動をしてきたのか？」といった自分の価値観、いわゆる〝あり方〟が見える化されます。

縦軸は思い（感情）を表し、上に行くほどプラス（快）に、下に行くほどマイナス（不快）な方向に心が動くことを示しています。横軸は年齢です。

グラフを書くときのポイントとしては「自分の感情が大きく揺れた」「揺れ幅が大きい」というところに、深い思いが見つかる可能性があるということです。

次に、グラフの実例を見せながら、解説していきましょう。

2 快／不快の経験は転職で選ばれる「志望動機」「自己PR」になる

多くの転職者が悩む「志望動機」と「自己PR」。こちらも共感ストーリー感情グラフから掘り起こすことができます。

まず、志望動機について考えてみましょう。志望動機は、なぜその企業・職種に興味を持ったのかを、相手に伝えるためのものです。**この時、それまで経験した快／不快な感情を通じて、その企業や職種に対する思いを語ることができます。**

次ページのグラフは、結婚相談所の婚活アドバイザーからアナウンサーに転職したMさんが書いたものです。

もともとは結婚式のカメラマンをしていたMさんのグラフがグッと下がった点を見ると、「早朝出勤・肉体労働から入社3年目にして体も精神的にもガタが出始め、

共感ストーリー感情グラフ（Mさんの場合）

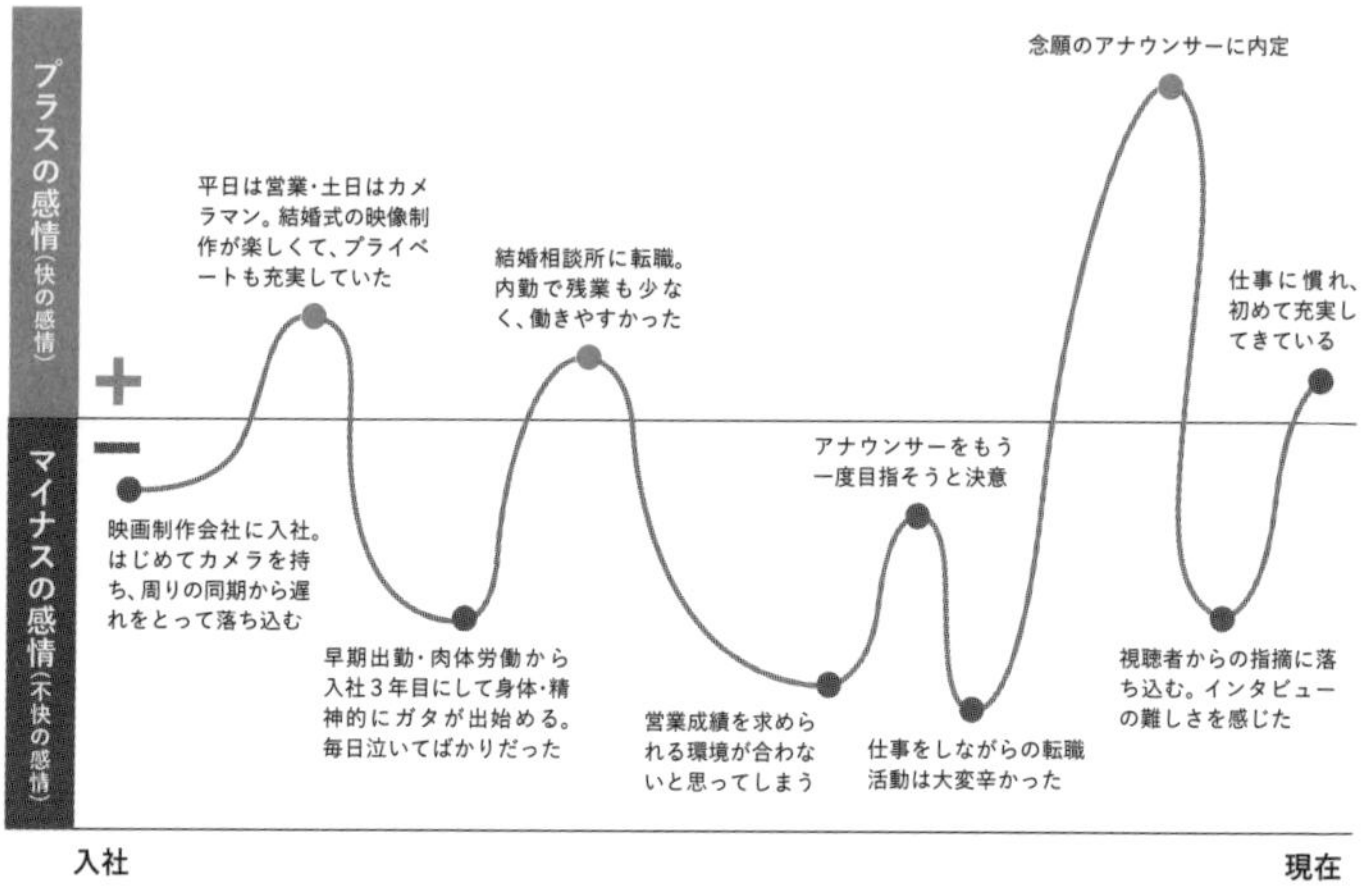
プラスの感情（快の感情）
マイナスの感情（不快の感情）
+
−
映画制作会社に入社。はじめてカメラを持ち、周りの同期から遅れをとって落ち込む
平日は営業・土日はカメラマン。結婚式の映像制作が楽しくて、プライベートも充実していた
早期出勤・肉体労働から入社3年目にして身体・精神的にガタが出始める。毎日泣いてばかりだった
結婚相談所に転職。内勤で残業も少なく、働きやすかった
営業成績を求められる環境が合わないと思ってしまう
アナウンサーをもう一度目指そうと決意
仕事をしながらの転職活動は大変辛かった
念願のアナウンサーに内定
視聴者からの指摘に落ち込む。インタビューの難しさを感じた
仕事に慣れ、初めて充実してきている
入社
現在

毎日泣いてばかりだった」と書いてあります。その当時の働き方を変えたいという思いから結婚相談所に転職。働きやすい職場でグラフはグッと上がっていますね。

このように以前の職場で不満な点を感じ、それを改善したいと思ったことがある場合、**「その改善点に関連する企業や職種に応募することで、自らが望む環境や仕事を得ることができるから」**という志望動機が生まれます。

私が結婚式の司会やイベントMCから、佐渡ケーブルテレビに転職が決まったときの志望動機も、そうでした。

「結婚式の司会やイベントMCの仕事は楽しいです。でも、たった1回、1日の一期一会の仕事です。私はもっと地域に根差して、継続的に人とつながりながら伝える仕事がしたいんです。それは結婚式の司会やイベントMCではできません。だから、佐渡ケーブルテレビを志望します」というふうに。

さて、Mさんのグラフに戻ります。働きやすく快適な仕事環境でグラフは上向き……と思いきや、その後、またもグラフはググッと下がります。

営業の仕事も兼務し始めたタイミングです。当時のことを訊くと「お客様の幸せよりも、売上優先の会社の方針に疑問を持っていた。もちろん、企業存続のためには重要なことだけど……と、悩んでいました。そして、本当に自分がやりたいことは何なのかと、自分に問いかけ始めたのです」ということでした。

そこで、学生時代に憧れていたけれどなれなかった「アナウンサー」という仕事にもう一度、チャレンジしたいという思いがフツフツと湧いてきたのですね。

実は彼女、Mさんはエントリーシートは通過するけれど、最終面接で落ちてしまうサイクルを繰り返し、15社近く面接を受けていました。アナウンサー受験は縁もゆかりもない地域、全国が受験範囲ですから、交通費も宿泊費もかかります。遠方に行って受けてきても落ちてしまう結果を繰り返すと、もういつ転職活動を辞めてしまってもおかしくない状況です。

でも、Mさんはあきらめずに受け続けたのです。

それはなぜか？

結婚式のカメラマン、結婚相談所の婚活アドバイザー、営業と遠回りしたけれど、本当にやりたい仕事が何なのかわかったからです。毎日泣くほど嫌な思いをしました。もうこのままでは嫌だと思ったのですね。

転職活動をする上で、志望動機は本当に重要です。自分の心と体を動かすエネルギーの源なのです。

グラフがグッと下がった不快な感情に、転職活動へのエネルギーの源が隠されているのです。

さて、次に自己ＰＲについて考えてみましょう。まず、自己ＰＲの定義です。

自己PRとは何か？　自分の強みを伝えて、相手の会社にどう貢献できるのかを示すことです。要は、自分を入社させるメリットを伝えるということです。

志望動機以上に、自己PRできる要素を見つけ出すのは難しいと私は考えます。なぜならば、誰でも心のどこかに「自分なんて大したことがない」と自信のなさを感じたり、「この自己PRで大丈夫だろうか」と正解を求めてしまい、自分ではわからなくなってしまう習性があるからです。

一番見つけやすい自己PRは、失敗や挫折経験からの〝V字回復〟ストーリーです。

例えば、以下のようなものです。

「以前、スマートフォン向けの『健康管理アプリ』の企画を提案したところ、社内で『すでに同様のアプリがたくさんあるから、必要ない』との意見が多数出され、企画が却下されたことがありました。これはもともと、私が体調を崩した経験から生まれたアイデアのアプリでした。『同じような悩みを持つ人たちを助けたい』そんな思いから、諦めることなく説得を続けました。そして、最終的に実現することができたのです。アプリをリリースすると、予想以上のユーザーからの反響を得ることができ、10万ダウンロードを達成しました。今後、御社の業務でも、自分自身のアイデアを積極的に提案し、その実現に向けて最善の手段を考え、会社全体の成果に貢献していきます」

いかがでしょうか？

大事なのはマイナス（不快）な経験話で終わらずに、締めはプラス（快）の経験話でグッとグラフが上がることです。「失敗、挫折はあったけれど今は乗り越えました」「この経験を御社で生かします」という、会社との未来や可能性、希望を感じさせる締めが大事なのです。

3 自分の経験や感情を引き出す9つの質問

と言っても、「そんな感情が揺れた経験なんてあったかな……」という方も、一定数いるはずです。

自分の経験を振り返るということは日常生活の中ではあまり行わないことなので、パッと思い出すことは難しいでしょう。ですので、こちらの9つの質問から、あなたの経験や感情を引き出すヒントを導き出してみてください。

❶失敗や挫折経験を乗り越えた経験は？
❷やりがいや充実感があった経験は？
❸怒りを感じた経験は？
❹言葉をかけられて嬉しかった経験は？

❺全くの初心者として、経験したことは？
❻自分に影響を与えた人は？
❼自分が大切にしている言葉は？
❽会社やチームに何か影響、変化をを与えた経験は？
❾会社やチームで表彰されるなど、何か選ばれた経験は？

そして、これらの経験と感情を掘り起こして、面接官に話すことは、それぞれ「3つの効果」を生み出します。解説します。

❶失敗や挫折経験を乗り越えた経験を話す「3つの効果」

1つ目は自己成長をアピールできるということ。困難な状況でも諦めずに取り組み、問題を解決しようとする前向きさを印象付けることができます。

2つ目は信頼感を与えられるということ。自分の弱点や限界を認め、克服するために、どのような取り組みをしてきたのか？　そのような話ができる人は自分に正直であると受け止められ、信頼感を与えることができます。

3つ目は面接官から、共感を得られるということ。「ああ、私も同じようなことで悩んだことがあったよ」など、面接官自身が同じような経験をしたことがある場合です。面接官と転職志望者と全く違った立場にも関わらず、共感が湧いてコミュニケーションを深めることができます。また、自分自身の経験から得た教訓や解決策を共有することで、面接官からの信頼を得ることも期待されます。

❷やりがいや充実感があった経験を話す「3つの効果」

1つ目は「熱意や情熱をもって仕事に取り組む人である」という印象を与えられるということ。また、その経験から得た効果や実績を紹介することで、さりげなく自己アピールできます。

2つ目は「自分の適性や志向性を理解して、自分に合った仕事に取り組むことができる人だ」という印象を与えられるということ。やりがいや充実感があった経験は、自分が好きで得意なものに関するケースであることが多いです。自分のことがわかっている、自己理解ができているという印象を持たれます。

3つ目は会社への貢献度が高いことをアピールできるということ。仕事に熱心に取り組み、良い成果を出したという経験から、会社にとって長期的に活躍できそうだという印象をもたれることにつながります。

❸怒りを感じた経験を話す「3つの効果」

1つ目は対処能力や危機管理能力をアピールできるということ。怒りを感じた経験は、突然の問題やトラブルに対処する能力が求められる場合に生じることが多いため、それを適切に解決した経験を話すことで、自分自身の対処能力や危機管理能力をアピールできます。

2つ目は、コミュニケーション能力のアピールになるということ。怒りを感じた経験は、他人とのコミュニケーションが必要になる場合が多いため、それを適切に行った経験を話すことで、自分自身のコミュニケーション能力の高さを示すことができます。

3つ目はストレス耐性をアピールできるということ。ストレス耐性とは、ストレスに対して精神的に強く耐えることができる能力のことを言います。怒りを感じたときに自分自身をどのようにコントロールしたのか、どう対応したのか。その実績から、ストレス耐性をアピールすることができます。

❹言葉をかけられて嬉しかった経験とその内容を話す「3つの効果」

1つ目は自己評価を高め、ポジティブな印象を与えられるということ。自分が持っている能力やスキルが認められた経験を伝えることで、自信を持って面接に臨めます。

2つ目は過去の職場での実績を証明できるということ。例えば、前の上司から「プロジェクトの成功に大きく貢献した」と褒められて嬉しかったというような経験を話すことで、自分の実績をアピールできます。

3つ目は実績をさりげなくアピールしながら、信頼感を持って伝えられるということ。自分で「私は名チームプレイヤーです」と言うよりも、「前の会社の上司からは

『君は名チームプレイヤーだよね』と言われていました」と伝えるほうが、さりげなく自分をアピールしつつ、言葉に信頼感を持たせることができます。

❺全くの初心者として初めて経験したことを話す「3つの効果」

1つ目は、新しいチャレンジに対する積極性をアピールできるということ。初めてのことに挑戦し、それに成功した経験を話すことで、自分自身が新しいことに積極的に取り組む強さを備えていることをアピールすることができます。

2つ目は新しい状況に対する対応力を示せるということ。初めての経験は、新しい状況に対する対応力を問われることがあります。自分が新しい環境に適応し、柔軟に対応することができることをアピールできます。

3つ目は新鮮な話題を提供し、面接官との会話が活性化するということ。履歴書や職務経歴書からの質問が中心だと、どうしても単調なテンポで面接は進みがちです。そこで「新しく始めた○○なんですが」といった新鮮な話題は面接官に興味を持たせ、会話を活性化させることになります。

❻自分に影響を与えた人について話す「3つの効果」

1つ目は自分自身の価値観や信念について語れるということ。過去の上司や先輩、あるいは自分の師匠や尊敬する人がどのような価値観や信念を持っていたかを紹介することは、自分自身の価値観や信念を紹介することにつながります。「スティーブ・ジョブズの情熱や創造性、そしてクリエイティブな思考は、私にとって大きな影響を与えました。彼の言葉や行動には、私自身が仕事をするうえで参考になる教訓がたくさん詰まっています。たとえば……」といったように。

2つ目は自分自身の人間性や素養を示せるということ。自分に影響を与えた人物について話すことで、自分自身がどのような人間性を持っているのか、あるいはどのような素養を持っているのかを示すことができます。これにより、転職先の企業が求める人物像に近いことをアピールすることができます。

3つ目は自分の成果や会社への貢献度を証明できるということ。例えば、チームメンバーから学んだ新しいアプローチや効果的なコミュニケーション方法によって、自分の成果にどのような変化や向上があったのか？　それを具体的に話すことで、自分の成果や会社への貢献を証明できます。

❼自分が大切にしている言葉を話す「3つの効果」

1つ目は自分自身の価値観や人格を表現できるということ。自分が大切にしている言葉は、その人の価値観や人格を反映するものである場合があります。転職面接で話すことで、自分自身の人間性や価値観をアピールすることができます。

2つ目は自分自身の考え方やスタイルを示せるということ。自分が大切にしている言葉には、その言葉を通じて自分自身の考え方やスタイルが表れている場合があります。例えば私が主宰するアナウンサースクールのＳＴＯＲＹアナウンススクールの公式サイトには、「日本語が話せたら誰でもアナウンサーになれる」という言葉を掲載しているのですが、これに反応して「え、じゃあ、私もなれるのかな？」と勇気づけられ、門をたたかれる方が多いのです。

3つ目は「自分自身のマインドセット」のアピールにつながるということ。マインドセットとは、人が物事を判断したり行動したりする際の「その人の基本的な考え方や思考パターン」を指します。私がフリーターでアナウンサーを目指していたとき、周りからは「フリーターでアナウンサーになるのは難しい。無理でしょ」と言われていました。

でも、フリーターからアナウンサーに内定したのです。その経験から「日本語が話せたら誰でもアナウンサーになれる」というマインドセットができたのです。自分が大切にしている言葉は、その人自身のマインドセットを反映するものである場合が多いです。そこから、転職先の企業が求める人物像に近いマインドセットを持っていることをアピールできるのです。

❽会社やチームに何か影響、変化を与えた経験を話す「3つの効果」

1つ目は自己成長やリーダーシップ能力のアピールになるということ。自分自身で課題を発見し、問題解決のためにアイデアを出し、実際に行動に移して結果を出した経験は、転職先の企業にとって魅力的な人材である点を示すことができます。

2つ目は自己アピールの根拠になるということ。自分がどのような状況において、どのような取り組みをした結果、どのような変化をもたらしたのかを具体的に話すことで、自己アピールを裏付けられます。

3つ目は新しい職場でも同様の影響を与えられることを示せるということ。自分自身が新しい職場でも積極的に取り組む姿勢や、問題解決能力、リーダーシップ能力などが求められる職場でも、大きな貢献ができることをアピールできます。

❾会社やチームで表彰されるなど、何かに選ばれた経験を話す「3つの効果」

1つ目は自分の自信をアピールできるということ。選ばれるまでの過程を話すことは、自分が自信を持って取り組んできたという印象を与えることができます。また、自信がある状態で面接を受けるため、面接官との会話のやりとりもスムーズに進みます。

2つ目は他者との協業能力をアピールできるということ。表彰された経験は、自分だけでなく、チームや上司、同僚などの協力によって成し遂げたものであることが多いです。そのため、自分がチームや周囲の人々と協力し、共に目標を達成できる能力があることをアピールすることができます。

3つ目は会社で重要な役割を果たせる人材だとアピールできるということ。表彰などで選ばれた経験は、自分が能力を発揮し、優れた成果を残したことの証明です。そのため、自分が将来的にも会社で重要な役割を果たすことができる人材であることをアピールでき、キャリアアップの可能性が高まります。

4 転職面接で選ばれる共感ストーリー作成7つのポイント

今度は、共感ストーリーを作るにあたって気を付けておきたい7つのポイントをお話ししましょう。

❶面接官を惹きつけ、飽きさせない「1分＝300字」
❷主役はあなたである
❸自分以外の「登場人物」を出し、展開させていく
❹会話の引用で面接会話を展開させていく
❺オノマトペで臨場感を沸かせて惹きつける
❻数字や固有名詞を入れて、信頼させる
❼声に出して読む（推敲）

❶面接官を惹きつけ、飽きさせない「1分=300字」

転職面接で話す内容が決まったら、文章で書いてみましょう。

書く手段はパソコンでも手書きでも、何でもかまいません。**そして、文字量としては1つのテーマにつき300字程度、**実際に口にした場合に1分ぐらいの時間になるようにまとめておくといいでしょう。

そして大事なのは、原稿は暗記しないということです。

面接本番で、「えっと、なんと書いたっけ?」と原稿を頭の中に思い出すなどしてしどろもどろになってしまうと、せっかくの共感ストーリーが台無しです。先に原稿にまとめる意味は、書き出しながら「あのとき、何があって、どう感じたのか?」など、過去の経験や自分の思いを振り返っていただきたいからなのです。

書きながら自分の中で整理していく、そして腑に落としていくという作業になります。

そして、「どう話すと面接官に伝わるのだろうか?」と考えながら、話を組み立てていってください。

❷主役はあなたである

転職するのはもちろんあなたですから、あなたが主役として共感ストーリーが展開されていきます。

あなたが何をしたのか（行動）、何が起こったのか（出来事）、そのときに感じた思い（感情）、そしてその後どうなったのか（展開）……と、話は進んでいきます。

「私なんて大したことがないから……」そんな思いは捨てて、主役として堂々と話し伝えましょう。

❸自分以外の「登場人物」を出し、展開させていく

主役のあなたはもちろん大事なのですが、自分目線だけの話では単調な話で終わってしまいがちです。ストーリーを興味深く、面白い展開にするには、自分以外の登場人物が必要です。

注意点としては、あまり多くの人数を出さないことです。**ベストは自分以外の登**

場人物は1人、多くても2人までとして、話をしていきましょう。

❹会話の引用で面接会話を展開させていく

つい説明っぽくなりがちな話も、自分以外の登場人物を出すことで、グッと物語に近づいていきます。さらに、人物には会話の言葉や心のつぶやきを語らせましょう。文字にしたときにカギカッコで括られる部分です。

例えば、こちらをご覧ください。

私たちは上司にプロジェクトの成功を報告しました。上司は、私がリーダーシップを発揮し、チームを成功に導いたことを高く評価し、私に感謝の言葉を伝えました。上司は、私の能力を高く評価し、将来的なリーダーシップの役割について考えていると言いました。

ここにカギカッコで、上司の言葉を入れてみます。

「田村君のリーダーシップでチームを成功に導いてくれたね。ありがとう」

上司は私に感謝の言葉を伝えてくれました。そしてさらにこう言ったのです。

「君の能力を高く評価しているよ。そして将来的なリーダーシップの役割について考えているところだ」


このように、自分で説明するよりも、自分以外の登場人物に生の言葉として語らせましょう。臨場感が湧く話で、面接官をひきつけます。

❺オノマトペで臨場感を沸かせて惹きつける

臨場感を沸かせるということでは、ぜひ、「オノマトペ」を入れてください。

オノマトペとはフランス語であり、物事の状態や動きなどを音で表現したものです。1978年に出版された金田一春彦著の『擬音語・擬態語辞典』では擬音語・擬態語・擬声語・擬用語・擬情語の5つに分類されています。

❶擬声語：人間や動物の声
「わんわん」「こけこっこー」「おぎゃー」「げらげら」「ぺちゃくちゃ」など。
❷擬音語：自然界の音
「ざあざあ」「がちゃん」「ごろごろ」「ばたーん」「どんどん」など。
❸擬態語：音ではなく何かの動きや様子を表すもののうち，無生物の状態を表すもの
「きらきら」「つるつる」「さらっと」「ぐちゃぐちゃ」「どんより」など。
❹擬容語：何かの動きや様子を表すもののうち，生物の状態を表すもの
「うろうろ」「ふらり」「ぐんぐん」「ばたばた」「のろのろ」「ぼうっと」など。
❺擬情語：人の心理状態や痛みなどの感覚を表すもの
「いらいら」「うっとり」「どきり」「ずきずき」「しんみり」「わくわく」など。

サイト：日本語を楽しもう！（国立国語研究所）参考

実際にオノマトペを使った例です。

「以前、自動車メーカーの公式Ｗｅｂサイトのリニューアルプロジェクトに携わったことがあります。その際に、コンセプトを明確にし、ユーザーに分かりやすいナビゲーションを設計しました。例えば、Ｗｅｂページのレスポンシブデザインをする際に、画面サイズが変わったときにサッと素早く変化するデザインを意識しています。また、Ｗｅｂサイトのクリックアクションにはカチッという音をイメージし、ボタンを押す感覚を表現しています」

ただし、あまり多用しすぎるとデメリットもあります。文章や表現が過剰になり、面接官に話が伝わりづらくなってしまうのです。

適度に使うことが大切です。

❻数字や固有名詞を入れて、信頼させる

共感ストーリーとロジカルな思考は、対極にあるものと思われるかもしれませんが、「数字」を効果的に物語に取り込むと、話にリアリティが増すことがあります。

例を挙げましょう。

面接官「あなたの強みは何ですか?」
応募者「はい、私の強みは、チームワークやコミュニケーション能力です。デザインだけでなく、エンジニアやマーケティングチームとの協力を積極的に行い、全体の目的達成に貢献してきました」

ここに数字や固有名詞を入れてみましょう。

面接官「あなたの強みは何ですか?」
応募者「はい、チームワークやコミュニケーション能力です。例えば、前職のプロジェクトでは、エンジニアと協力してリリース日までに500個以上のバグを修正し、スケジュール通りに完了させました。また、マーケティングチームとの協力で販売促進キャンペーンを行い、売上も20%以上アップできました」

グッと信頼感が増しましたよね。

ただ、数字を入れすぎると、何が一番大事な数字なのかがわからなくなってしまいます。オノマトペと一緒で多用しすぎないように注意しましょう。

❼声に出して読む(推敲)

共感ストーリーの原稿ができたら、まずは声に出して読んでみてください。いわゆる「音読」です。

音読をしたら、なんらかの違和感を感じることもあるでしょう。文のテンポなのか、使っている言葉なのか、その違和感をチェックして話しやすいように直してください。

アナウンサーもニュース番組出演前には、何度も声に出して練習をします。その中で、言いづらい言葉がないかどうか、チェックをします。そして、言いやすい言葉に変更できるように、原稿を書いた記者や、デスクと呼ばれるリーダーに相談をして変えることもあります。

転職面接は、初対面の人に自分の話を熱心に聴いてもらえるという、なかなかない貴重な場だと思います。「どんな話をしたら面接官に自分の良さが伝わるかな？」「話が盛り上がるかな？」と、面接の場をワクワクした気持ちで想像して、話の流れを作っていってください。

話の順番をいろいろ組み替えて、効果的に伝わる流れを何度も推敲するのも楽しい作業だと思います。次に何が起こるかわからないようなドキドキ感、ワクワク感も共感ストーリーの魅力のひとつです。

5 効果的に共感ストーリーを伝える話法3選

自分の経験と思いを語る共感ストーリーには、面接官に効果的に伝える3つの話法があります。ご紹介いたしましょう。

❶過去からのタイムライン！ 心を動かす伝え方「共感ストーリー法」

共感ストーリー法は、あなたの過去、現在、未来のタイムラインを伝えることで面接官の心をつかむ話法です。

中でも、「どんな世界に行きたいのか？」「どうありたいのか？」「何を成し遂げたいのか？」といった未来のビジョン・共感ストーリーに、人はグッと心をつかまれます。

転職面接で言うと、面接と会社との未来を語ることが大事です。

例えば「私は今、介護の仕事をしています」という現在の話だけでは、会社や仕事の説明になってしまいます。これでは聴いている面接官には「ああ、そうなんだね」と思われるだけです。ここで、心を動かす伝え方「共感ストーリー法」の構成をご紹介しましょう。

Present：現在（今、何をしているのか）
Past：過去（自分の経験と思い）
Future：未来（自分と会社との未来のビジョン）

こちらは自分と会社との未来のビジョンを語る志望動機の具体例です。

Present：現在（今、何をしているのか）

「私は3年間、デイサービスセンターで介護の仕事をしてきました」

Past：過去（自分の経験と思い）

「大事にしてきた思いは『施設の利用者さんとの時間を楽しむ！』ということです。

稲さんというおばあちゃんは『いつも笑顔で挨拶してくれて、私も元気をもらえるわ』と可愛がってくれました。『青い山脈』や『上を向いて歩こう』など毎日一緒に、歌を歌って楽しい時間を過ごしました」

Future：未来（自分と会社との未来のビジョン）

「私たちの仕事は高齢者や体の不自由な人たちの身の回りのお世話をすることではありません。心からの笑顔で安心な毎日を送ることができる、そんな価値を与える仕事なのです。この仕事は大変だけれども、感謝されてやりがいある仕事であることを、御社の人事採用担当となり、広く伝えていきたいです」

このように熱く自分と会社との未来のビジョンを語ることで、採用担当者の心をつかんでいくのです。

❷結論が先！　説得力ある伝え方「PREP（プレップ）法」

PREP（プレップ）法とは結論を先に伝えてから、その根拠や詳細を説明する手法です。

PREP法は話にストーリー性を持たせたい時には不向きだと解説している本などもありますが、そんなことはないというのが私の考えです。

特に「E」＝「Example：具体例」の部分が、共感ストーリーを生かせるところです。

PREP法の構成は以下のようなものです。

Point：**結論（主張）**
Reason：**理由（結論に至った理由）**
Example：**具体例（共感ストーリー）**
Point：**結果（この経験を御社に貢献します）**

自己PRで具体例を挙げましょう。

Point：**結論（主張）**

「私の強みは初対面の相手にも緊張せずに笑顔で話せることです」

Reason：**理由（結論に至った理由）**

「なぜなら3000人の観客がいるスピーチコンテストで笑顔で話し、優勝したからです」

Example：**具体例（共感ストーリー）**

「そもそも私は多人数の前で話すことは苦手でした。でも、『自分を変えたい！』という思いから、バンジージャンプで飛び降りるような気持ちで挑戦をしたのです。まずは話す内容。楽しく笑顔になれる話を選びました。そして、鏡を見たり、動画を撮影しながら毎日2時間、練習したのです。あっという間に1か月がたち、スピーチコンテスト当日を迎えました。その結果、優勝することができました。審査員の方からは『笑顔が印象的でよかった』と言っていただけました。そして3000人の前で話した経験から、多人数はもとより1対1の初めましての相手にも緊張せずに笑顔で話せるようになりました」

Point：結果（この経験を御社に貢献します）

「この経験を生かして御社の接客担当として、笑顔で会社に貢献します」

といった感じです。

❸テレビのニュースでも使用！　わかりやすい伝え方「SDS法」

そして、最後のSDS法とは、「要点→詳細→要点」の順番で話を展開する話法です。

Summary：要点→概要の説明を伝える

Details：詳細→内容を詳しく説明する（共感ストーリー）
Summary：要点→全体のまとめとして要点を伝える

テレビのニュース番組でも、ＳＤＳ法はよく使われています。まず最初にニュースの全体像をポイント的に話して、その後詳細を紹介し、最後にもう一度全体像を話します。

こちらが例です。

【ニュース原稿例】

「日本気象協会は、本日3月12日に、東京都心の各地で桜の開花が観測されたと発表し、今シーズンの桜開花宣言を発表しました。

気象庁によりますと、開花宣言は去年に比べ1日早く、平年よりも5日遅いということです。今年の桜の開花状況は、例年に比べやや遅く、今週末から来週にかけてが見頃となる見込みです。

桜の名所では、コロナウイルス感染拡大防止のため、混雑を避けるための制限が設けられています。日本気象協会では感染拡大防止対策を徹底して、安心して花見を楽しむよう呼びかけます」

SDS法に分解してみましょう。

Summary（要点）：**「桜開花宣言、今シーズンも待望の春の訪れを告げる」**

「日本気象協会は、本日3月12日に、東京都心の各地で桜の開花が観測されたと発表し、今シーズンの桜開花宣言を発表しました」

Details（詳細）：**「今年の開花状況は例年に比べやや遅め」**

「気象庁によりますと、開花宣言は去年に比べ1日早く、平年よりも5日遅いということです。今年の桜の開花状況は、例年に比べやや遅く、今週末から来週にかけてが見頃となる見込みです」

Summary（要点）：**「感染拡大防止対策を徹底して、安心して花見を楽しむよう**

に呼びかける」

「桜の名所では、コロナウイルス感染拡大防止のため、混雑を避けるための制限が設けられています。日本気象協会では感染拡大防止対策を徹底して、安心して花見を楽しむよう呼びかけます」

いかがでしょうか？

では、先ほどＰＲＥＰ法で紹介した例文を再掲します。

「私の強みは初対面の相手にも緊張せずに笑顔で話せることです。

なぜなら３０００人の観客がいるスピーチコンテストで笑顔で話し、優勝したからです。

そもそも私は多人数の前で話すことは苦手でした。でも、『自分を変えたい！』という思いから、バンジージャンプで飛び降りるような気持ちで挑戦をしたのです。まずは話す内容。楽しく笑顔になれる話を選びました。そして、鏡を見たり、動画を撮影しながら毎日2時間、練習したのです。あっという間に1か月がたち、スピーチコンテスト当日を迎えました。その結果、優勝することができました。審査員の方からは『笑顔が印象的でよかった』と言っていただけました。そして3000人の前で話した経験から、多人数はもとより1対1の初めましての相手にも緊張せずに笑顔で話せるようになりました。

この経験を生かして御社の接客担当として、笑顔で会社に貢献します」

こちらをSDS法に転換してみると、こうなります。

Summary（要約）

「3000人の観客の前で話すスピーチコンテストに出場した経験を生かして、御社の接客担当として、笑顔で会社に貢献します」

Details（詳細：共感ストーリー）

「そもそも私は多人数の前で話すことは苦手でした。でも、『自分を変えたい！』という思いから、バンジージャンプで飛び降りるような気持ちで挑戦をしたのです。まずは話す内容。楽しく笑顔になれる話を選びました。そして、鏡を見たり、動画を撮影しながら毎日2時間、練習したのです。あっという間に1か月がたち、スピーチコンテスト当日を迎えました。その結果、優勝することができました」

Summary（要約・要点）

「この経験を生かして御社の接客担当として、笑顔で会社に貢献します」

いかがでしょうか？　PREP法は最初の結論に重点を置くため、言い方にもよりますが、主張が強くなりがちです。その一方、SDS法は全体の要点を伝える構成のため、やわらかい印象を与えます。

強く訴えたいときはPREP法、わかりやすく伝えたいときはSDS法などと、使い分けるといいでしょう。

第4章

転職面接で面接官の心をつかむ自己紹介

1 自己紹介は、このあとの面接を上手くいかせるためのフック

「面接が上手くいくためには、会話のキャッチボールをすることだ」とよく言われています。その通りです。一方的な演説やプレゼンになるのではなく、面接官と会話をして頂きたいのです。それが内定への近道です。

でも、多くの転職志望者が「会話のキャッチボールといっても、どのようにしたらできるのかわからない……」と言います。

また、会話のキャッチボールにしようとして、逆にいろいろ気をまわしすぎて緊張してしまったり、逆に面接官と話がかみ合わずギクシャクしてしまうこともあります。

「会話にしよう」としている段階で、それはすでに会話ではない、というのが私の考

えです。

私たちは会社の上司や同僚、親や友人と日々、会話をしながら生活しています。そのとき、「会話にしなきゃ」という意識をして話をしていますか？

はい、意識をしていないですよね。私たちは無意識の状態で日々、会話をしているのです。

では、どうしたら無意識にも関わらず、選ばれるための面接会話ができるようになるのか？

そのきっかけが、自己紹介なのです。

面接のやりとりを会話として成立させ、上手くいかせるためのカギは、自己紹介にあるのです。

「あー、ちゃんと話せてよかった」

緊張した気持ちで話した自己紹介が終わると、ホッと一息つきますよね。自己紹介の後では、多くの方がリラックスしたとてもいい笑顔を見せてくれます。

自己紹介が自分の中で満足いく内容であれば、緊張から解きほぐされた最高の笑顔で、メインとなる面接でのやりとりがスタートできます。リラックスして面接官と話していることが、自然と会話になっている状態なのです。

スウェーデンのウプサラ大学の研究では「笑顔の人を見ながら厳しい表情をするのは難しい。なぜなら、進化的に見て笑顔は伝染するもので、顔の筋肉のコントロールを抑えてしまうから」という結果が出ているそうです。

「笑顔は伝染する」ということは、あなたが笑顔になれば、厳しい表情であった面接官もつい笑顔になってしまうということです。

ただの会話でなく、お互い笑顔で和やかな雰囲気で面接会話ができたらいいですよね。

自己紹介は、それに要する時間だけが大事なのではありません。このあとの面接を上手くいかせるためのフック、あなたへの興味付けになるものなのです。

2 自己紹介と自己PRの違い

「まずは自己紹介をお願い致します」

面接のいちばん最初のこの一言に、頭が真っ白になったり、ドキドキと急に鼓動が激しくなって緊張してしまうという方は多いのではないでしょうか？

実はアナウンサー試験で必須なのが、「自己紹介」なのです。面接が始まったら、「では、まずは自己紹介をお願いできますか？」「1分程度で自己紹介をしてください」と課せられることが多いのです。

面接の場だけではなく、私たちは入社時の挨拶や取引先への挨拶、その他、異業種交流会など、「はじめまして」の場で自己紹介を求められることがあります。

そうはいっても学校でも、自己紹介のやり方を教えてくれることは、なかなかありません。ビジネスパーソンの皆さんのお悩みナンバーワンは、これです。

「自己紹介で、自分の何を話せばいいのかわからない」

自己紹介とはいったい何でしょうか？　何を話せばいいのでしょうか？　そして似た言葉に「自己ＰＲ」があります。自己紹介と自己ＰＲは、どう違うのでしょうか？

まずは、自己紹介の定義からお話しします。

自己紹介とは、自分の名前や所属先、仕事内容、家族構成や趣味や特技など、自分の紹介をするというものです。

「はじめまして」の相手はもちろん、あなたのことを知りません。ですから「私はこういう人ですよ」と、自分を知ってもらう入り口だと思ってください。そして、あなたと同じように「はじめまして」の相手も実は緊張しています。

ですから、お互いが自分が何者なのかを伝え合うことで、リラックスした場を作っていくことができます。そう考えると、自己紹介は決して怖いものではないのですね。逆にあなたの緊張をほぐしてくれる味方なのです。

では、面接に話を戻します。

確かにあなたは面接という特別な場で、緊張していることでしょう。でも、ここで必要なのは自分の緊張をほぐしつつも、あなたに内定を出したいと面接官に思わせることなのです。

さらにいうと、面接で、家族構成や趣味や特技を伝えることは必要だと思いますか？　そう、必要ないですよね。履歴書にすでに書いてあることですし。実際の面接では、履歴書に書いていないことや、文章では伝わりづらいことを話して頂きたいのです。

そして、転職面接で興味を持って聞かれるのは、基本的に仕事のことです。今のあなたの仕事のこと、自社にあなたが入社した場合のこれからの仕事のことです。

と、以上を踏まえると、**転職面接においては自己紹介は、イコール「自己PR」だと言えます。**

では、自己PRとはなんでしょうか？

転職面接における自己PRとは、自分の強みを伝えて、相手の会社にどのように貢献できるのかを伝えることです。要は、自分を入社させるメリットを伝えるということです。

あなたは「転職したい！」と思ったら、転職候補先の会社の給料や仕事内容、休日などをシビアにチェックすると思いますが、それは相手の会社も同じです。

あなたに給料を渡して仕事をしてもらうので、その分のメリットがちゃんとある人を雇いたいのです。**メリットとは、あなたの「経験」「スキル」、そして忘れてはいけないのが「思い」です。**

これは面接全般で言える大事なことなのですが、自己紹介というと、「だいたい1分ぐらいで」など、限られた時間の中で話すことが求められます。

限られた時間の中で自分をアピールする、**要は自分を入社させるメリットを伝えることが自己PRなのです。**「まず、最初に自己紹介をお願い致します」といわれたら、「これは、自己PRをするのだな。自分の仕事についての話が聞きたいんだな」と思ってください。

3 そもそも、自己紹介させる面接官の意図とは

自己紹介は面接官から質問されて答える一問一答ではなく、自分から一方的に話さないといけない。緊張する面接がさらに、緊張してしまいますよね。

では、そもそもどうして面接官は、自己紹介をさせるのでしょうか?

まずは短い時間の中で、あなたという人がどういう人なのかを知ることが一番の理由です。

自己紹介にはあなたに内定を出すべきかどうかを判断するチェック項目として、3要素がギュギュッとつまっているのです。

それは見た目の視覚情報、声や話し方の聴覚情報、そして話の内容の言語情報といった、前述したメラビアンの法則の3要素です。

時間を指定される場合は「1分で」と言われることが多いですが、この1分とはつまり、じっとあなたの話す様子を観察し、印象や雰囲気を見て判断するために必要な時間のことなのです。そう言われると、緊張してしまいますよね。

ただ、面接官も自分の会社に合った人材を採用したいという思いから、いろいろな視点や角度で転職志望者を見たいと思っています。自己紹介はその判断手段のひとつなのです。

覚えてほしいのは、面接官は落とす前提で面接を行っているのではないということです。

「うちの会社の社風に合うかな」「うちで活躍できる方かな」という前向きな気持ちで採用に臨んでいるのです。

4 自己紹介は1分300文字を「ゆっくり」話す

1分は、文字化すると何文字になるか、ご存じでしょうか？　およそ300文字と言われています。原稿用紙1枚の半分ちょっとですね。

ただ、大事なことは300文字という文字数ではありません。この限られた文字数の中であなたが何を話すのか？　そして、「ああ、こういう人なんだね」とある程度、わかってもらえるということが重要なポイントです。

さて、自己紹介をする時に、どうしても起きてしまうのが緊張。

とはいえ、たいていの場合、面接でいちばん最初にしなければいけないのが、自己紹介なのです。

だけど、面接官がどういう人なのかわからない。

どんな空気感の面接になるのかわからない。
「わからない」という思いは自分の心の中でさらに、緊張感をあおります。
でも、「緊張をしちゃだめだ」と自分の心の中で禁止令を出したとしても、多くの場合、上手くいきません。なぜなら、人は何かを禁止されると、むしろその物事が気になって逆に意識してやってみたくなってしまうという心理現象があるからです。

これを「カリギュラ効果」といいます。

昔話のストーリーを例にすると、「絶対に開けないでください」と渡された玉手箱を開けてしまった『浦島太郎』や「決して覗かないでください」と念を押されたものの、気になって戸を開けてしまった『鶴の恩返し』などがありますね。
ですから、緊張しないと禁止はできない。でも、緊張したくない。
どうすればいいのか？　簡単なことです。

自己紹介はゆっくり話せばいいのです。

緊張すると、「早く終わってほしい」と早口になったりしませんか？　早口になると噛んでしまって、焦りはつのる。自分で何が言いたいのかわからなくなってきて、またさらに緊張する。

そんなネガティブループに、はまっていないでしょうか？

実はこれ、局アナ時代の過去の私のことなのです。

夕方のニュースキャスターをしていたのですが、難しい漢字や言葉が出てくると、早くこのニュースを読み終わりたいという思いから、早口になる。そうすると、自分の口がついていけず、噛んでしまう。

「まずい！」という焦りから、緊張は最高潮。上手くニュースが伝えられず、撃沈するということがありました。

そんなとき、先輩アナウンサーから、

「早く話そうとするから噛んで、緊張しちゃうんだ。ゆっくり話せばいいよ」

とアドバイスをもらったのです。

ゆっくり話すためには、まずは面接官の顔を見るということです。

そう、あなたは面接官の顔をちゃんと見ていますか？

アナウンサーはカメラを見て、ニュースや情報を伝えます。ややもすれば、ついつい自分のペースで話をしてしまいがちです。そんなとき、カメラマンから「カメラの向こう側に視聴者がいると思って話して」と言われたことがありました。すると、視聴者に語りかけるように話すことで、一方的に早口にならない、わかりやすい伝え方に変わったのです。

早く終わらせたい、緊張から逃れたいという思いから目を伏せていたり、あさっての方向を見ている可能性がないかどうか、よく考えてみてください。

面接官の顔を見ていないと、自分勝手なペースで早口になって話してしまうことにつながります。

あなたの目の前にはもうすでに、ひとりの人間である面接官がいます。そのように想像しながら、面接官を見て語りかけるように自己紹介する練習をしてみてください。

5 1分のスゴイ話よりも、1分笑顔で話せるかどうかが大事

転職面接で話す自己紹介は、会社にどう貢献できるのかを話し、自分を入社させるメリットを伝えるというお話をしました。そうすると、自分のスゴさをどう話せばいいのだろうかと皆さん、うんうんと唸って考えてしまいます。

「こんなにスキルもあって、スペックも高い自分なんです！」

こんな風に、面接で自分がいかにスゴイのかを話すのって、逆に怖くないですか？「じゃあ、これぐらいのことできますよね？」と無理難題を言われたらどうしよう、と思いませんか？

多くの転職志望者は、選ばれたいがために自分をよく見せようと盛ってしまうことがあります。そして、盛ってしまったことでさらに深堀りされたり、「これ、できる？」と難しいことを言われて答えられなかったらどうしようと、不安を抱える方

が多いのです。

実際には面接官から、何も言われないかもしれません。とはいえ、わざわざ、自分のスゴさを伝えようとして、ハードルを上げることはしなくて大丈夫です。

それよりも、確実に好印象に思われて、もっともっとあなたの話が聞きたいと思ってもらえる方法があります。**それが「笑顔で話す」ということです。**

笑顔の効果は、パッと見でつかめる好印象というだけではありません。

笑顔で話せると、緊張をほぐすことができます。笑顔になると脳から副交感神経系にサインが送られます。リラックスをつかさどる副交感神経系が優位になり、緊張がほぐれるのです。

でも、全く楽しくもない話を無理に作り笑いで話しても、「この自己紹介で大丈夫だよね?」と話しながらも不安になってしまうものです。大事なのは「笑顔で話せる」内容を話すということです。もちろん、面白おかしいという意味ではありません。

自信を持って、笑顔になって話せる自己紹介をしましょう。

6 はじまりの7秒でつかむ3ステップ（挨拶＋お辞儀＋フルネーム）

転職の模擬面接で、「自己紹介をしてください」というと、「私は今、○○商事で経理をしています」というところから話し始める方が多いです。

「え、今のおかしいですか？」と思う方もいるかもしれません。

実は自己紹介には「最初の7秒」を「3ステップ」で伝えてほしいのです。**その3ステップとは「挨拶」＋「お辞儀」＋「フルネーム」です。**ひとつずつ説明していきましょう。

まずは1ステップは挨拶です。**「こんにちは」「はじめまして」など、第一声は挨拶から始めましょう。**

面接のシチュエーションをイメージしてみてください。

面接官たちはあなたの顔を見ている人もいれば、あなたの履歴書や職務経歴書をパラパラめくって見ていて、下を向いている人もいます。

でも、どうせする自己紹介なら全員の面接官に最初からちゃんと見て、聴いてほしくはないですか？　そのために挨拶をするのです。

「こんにちは」「はじめまして」と元気で明るい第一声を発すれば、下を向いていた面接官がパッと顔を上げ、あなたに注目するでしょう。実は第一声の挨拶にはこのように、「あなたに注目させる」という効果があるのです。


そして2ステップ目は、お辞儀です。

お辞儀は会釈15度、敬礼30度、最敬礼45度と3つの角度があります
転職面接では座ったまま自己紹介することが多いと思います。**挨拶の後は「本日はよろしくお願い致します」と、会釈の15度の角度でお辞儀をしてください。**

お辞儀のポイントは2つ。**1つはしゃべりながらお辞儀をしないということです。**

お辞儀をしているということは、口元は下を向いている状態です。ということは、あなたの声は床に向かって話すことになります。それでは面接官に声が届きません。

必ず、「はじめまして」など挨拶が言い終わった後にお辞儀をしましょう。

そして2つ目は、お辞儀をして一番下まできたらピッと1秒止めるということです。

そしてゆっくりと顔を上げていくと、とてもキレイなお辞儀に見えます。

あなたの品の良さ、育ちの良さを感じさせる、ひとつの演出です。

さらにお辞儀をする意味としては、挨拶と同じく面接官に自分を注目させるという効果があります。お辞儀をしている間はしゃべらないので、〝間《ま》〟ができていますよね？　この〝間〟が、さらにググッと面接官たちをあなたに注目させる効果をもたらすのです。

学生時代、こんな経験はないでしょうか？　授業中、先生が一生懸命話している。生徒たちはというと、ワイワイガヤガヤと隣の友達としゃべっていたり。別の生徒は下を向いて落書きをしたりして、まったく授業を聞いてない。先生を見ていない。ちょっと悲しい状況ですが、ふと、先生が話すのをやめた。

し――――ん。

生徒たちが「先生、どうしたんだろう？」と自分たちもしゃべるのをやめたり。下を向いていた生徒も「あれ？」と顔を上げて先生を見る。

これです。〝間〟にはこのように、自分を注目させる効果があるのです。

3ステップ目はフルネームで名乗るということです。

面接の場では「鈴木です」「田中です」と、名字だけで名乗って終わる方が意外と多いのです。名字だけしか言わないと、名乗られた相手にしてみれば雑な扱いを受けている、大切に思われていないという感じがしませんか？

「鈴木守です」「田中みすずと申します」と、最後まで名乗ったほうがグッと印象は良くなるのです。

ニュースキャスターも「こんばんは」などと最初に挨拶をして、名前を言う場合はフルネームで名乗っています。そもそも、名前はあなたの看板です。自分ことを覚えてもらうという意識をもって、フルネームで名乗りましょう。

挨拶、お辞儀、そしてフルネーム。

自己紹介の最初の7秒は、この3ステップでつかんでいきましょう。

7 会社に入社した「未来の共感ストーリー」を話す

自己紹介で最初に面接官の心をつかむノウハウはわかりました。では、いったい何を話せばいいのでしょうか？

まずはこちらの自己紹介例をご覧ください。

「はじめまして。鈴木学です。

現在、STORYホテルの広報をしています。SNS発信を主に担当しており、中でもインスタグラムを活用してホテルの良さをPRしています。最初は100人だったフォロワーが、1年で3万人を超えました。実際、『いつもインスタ見ていて泊まりたいなと思っていたのです！』と言ってくださるお客様も多く、やりがいを感じています。本日はどうぞよろしくお願い致します」

一見、よさそうな自己紹介です。しいていえば、「今、やりがい持ってやっているなら、どうしてうちの会社を受けているのだろう？」と思われるかもしれません。

このように多くの方が「私は今の会社でこれをやってきました／やっています」などと、過去や現在の話ばかりしようとします。もちろん、今までの実績を話すのも大事なところではあります。

でも、面接官からすればもっと大事なのは**「うちの会社ではその経験やスキルをどう生かしてくれるのか？　貢献してくれるのか？」**ということです。

では、こちらの自己紹介例をお読みください。

●未来の共感ストーリー自己紹介例

「はじめまして。鈴木学です。

現在、ＳＴＯＲＹホテルの広報をしています。ＳＮＳ発信を主に担当しており、中でもインスタグラムを活用してホテルの良さをＰＲしています。

最初は100人だったフォロワーが1年で3万人を超えました。実際、『いつもインスタ見ていて泊まりたいなと思っていたのです！』と言ってくださるお客様も多く、やりがいを感じています。

これからは広報として、御社の良さをPRしていきたいです。中でも御社の新製品である『マツシタ』は、Z世代と言われる若い世代に大変人気となること間違いなしです。多くの若い人たちに『マツシタ』を知っていただけるよう発信、PRしていきたいです。本日はどうぞよろしくお願い致します」

いかがでしょうか？　今の仕事での経験が、転職先で十分に活かすことができるというイメージを沸かせることが大事なのです。

「あなたと会社との未来が見えている状態」で面接をスタートさせることが、他の転職面接者との差別化にもつながります。ぜひ、入社した先の未来の共感ストーリーで、自己紹介をしてみてください。

8 「短めに自己紹介してください」と言われたら30秒／150文字以内

「いったいどれくらい話せばいいのか？」と、自己紹介で話す時間や、どこまで何を話せばいいのか、迷う方が非常に多いです。「1分くらいで話してください」と時間指定をされる場合の対応については前述しましたが、他にはもっとアバウトに「短めに自己紹介してください」と言われるパターンもあります。

短めだと「松下公子です。よろしくお願いいたします」と一言で終えてしまおうかと考えてしまうかもしれませんが、「転職面接の自己紹介は自己PRである」という定義からするとそれはダメなパターンであることはもう、おわかりですね。

「短めに」と言われたら、30秒／150文字を目安にするといいでしょう。

30秒というのは短くもある程度の情報を伝えることができる、ちょうどいい時間なのです。アナウンサー試験で課せられる自己紹介において、1分の次に多いのは30秒自己紹介です。

ここで多くの方が、30秒の自己紹介をどう作り、まとめたらいいのかわからないと悩みます。簡単なことです。1分／300文字の自己紹介を文字数カットして半分にしたらいいのです。

ですから、文字数としては150文字が目安です。

先ほどお見せした1分自己紹介を再掲します。

「はじめまして。鈴木学です。

現在、STORYホテルの広報をしています。SNS発信を主に担当しており、中でもインスタグラムを活用してホテルの良さをPRしています。最初は100人のフォロワーが1年で3万人を超えました。実際、『いつもインスタ見ていて泊まりたいなと思っていたのです！』と言ってくださるお客様も多く、やりがいを感じています。

「これからは広報として御社の良さをPRしていきたいです。中でも御社の新製品である『マツシタ』はZ世代と言われる若い世代に大変人気となること間違いなしです。多くの若い人たちに『マツシタ』を知っていただけるよう発信、PRしていきたいです。本日はどうぞよろしくお願い致します」

こちらを150文字にする、文字数カットのポイントは3つです。

1つ目は「いちばん言いたいことは何か？」と、エッセンスとして残すものから考えるということです。カットする言葉ばかり考えると、内容が薄くなってしまったり、結局何が言いたかったのかがわからなくなってしまいます。ですから、一番言いたいことを残すことを、第一に考えてください。

2つ目は「今の仕事の話と志望している会社との未来、どちらをメインに伝えたいのか決める」ということです。今の仕事の話をメインにするなら、自分の経験とスキルを強めにアピールすればいいでしょう。志望している会社との未来を多く語る場合は、もし今の会社での経験とスキルがそれほど高くなくても、入社したあとで活躍するイメージを湧かせることができるので、結果的には好印象になります。

3つ目は、「なくても伝わる言葉」をカットするということ。1分バージョンの自己紹介で丁寧に話していたことでも、全体的な話に影響がなければ最後の段階で削除しましょう。短い時間の中でわかりやすく、伝えることができます。

この3つのポイントを踏まえたうえで、先ほどの1分自己紹介を以下の基準で再構成します。

・一番言いたいのは「今の会社ではインスタ担当でフォロワー3万人を達成させた。その経験を御社で活かしたい」ということ。
・今の会社での経験とスキルを多めにする形で実績をアピール。
・「なくても伝わる言葉」をカット。

作成した30秒自己紹介はこちら。

「はじめまして。鈴木学です。

現在、ＳＴＯＲＹホテルの広報をしています。ＳＮＳ発信を主に担当しており、中でもインスタグラムを活用してホテルの良さをＰＲしています。フォロワーは1年で3万人を超えました。これからは広報として御社の良さと新製品『マツシタ』をＰＲしていきたいです。本日はどうぞよろしくお願い致します」

いかがでしょうか？

今の会社の経験とスキルが多めではありますが、新製品「マツシタ」を入れてしっかり御社のことを調べています、それだけ志望度が高いのです、というさり気ないアピールができています。

ぜひ、参考にしてみてください。

9 だらだらした話し方をしないためには、一文を40文字以内で

自己紹介で、だらだらした話し方で何を言っているのかよくわからないという方がいます。よく聴いてみると、一文がやたら長いのです。

「〜となりまして」「〜と思ったのですが」「〜と言いますのも」と、一文が長く感じられる話し方は、接続詞で話をつなげていることがそう感じさせる原因になっています。

一文が長いのは、〝間〟がない状態です。〝間〟がないと、面接官はあなたの話を理解する余裕がありません。ですから、「結局、何が言いたいのかわからない」となってしまうのです。

そして、実はあなた自身も「いったい自分は何が言いたいんだろう」と、悩みながら話している場合が多いのです。一文が長い話し方は、あなたにも面接官にも、双

方の思考停止状態を作りだしてしまいます。これは避けたいものです。

私自身、局アナ時代に中継で、ついダラダラと話してしまったことがありました。そのとき、ディレクターからこうアドバイスされました。

「もっと、一文を短くして話す意識をして」

そうなんです。私たちは意識をしないで話しているから、ついダラダラとした、間延びした話し方になってしまうのです。

文字量としては一文を40文字以内でまとめます。400字詰め原稿用紙だと2行です。

と言っても、話しながら40文字以内を意識するのは難しいので、あくまで目安として考えてください。

実際、話すときには「早く句点、文末の丸をつけること」を意識してください。「です」「ます」という文末を、ひとつのゴールとして話していくといいです。そうすると自然に一文が40文字以内に収まってくるはずです。

気をつけてもらいたいのが文末を意識するがあまり、変な〝間〟が生じる、ぶつぶつ切れた話し方になってしまう場合があるということです。そこは文と文をつなげる意識で話しましょう。

短文で話せるようになると、自分自身も何を話しているのか理解ができている状態になるため、さらに伝わる話し方になります。

10 締めの「よろしくお願いします」に意味づけをする

自己紹介を話した後に、面接官もすぐには話し出さず、たまに変な〝間〟ができてしまうことがあります。「あれ、この変な〝間〟はなんだろう……」と、自己紹介をした転職志望者も不安になってしまいます。これは自分の話を一方的に言いっぱなしの場合に、よく起きてしまうことです。

「松下公子と申します。今、○○商事で営業の仕事をやっています」

……これだけでは、面接官が「まだ話すのかな」と待ってしまって、変な〝間〟ができてしまうのです。

ですから、「自己紹介が終わりましたよ」という合図となることを言う必要があるのです。

中には「……以上です」と言う方もいます。確かにこれは、わかりやすく「自己紹介が終わりました」ということが伝わります。

ただ、「以上です」の言い方にもよるのですが、バシッと話し終わった後で聞き手を突き放すような印象があるので、もう少し面接官に対する優しさが欲しいところです。

ですから、締めは「よろしくお願いします」としましょう。

「いや、いつも『よろしくお願いします』で締めていますよ」という方も多いかもしれません。ですが、ここで振り返っていただきたいのは**「よろしくお願いします」に、きちんと意味づけができていますか？**ということです。

なんとなくいつも「よろしくお願いします」と付けているだけになっていませんか？

よく考えてみてください。いったい何を「よろしくお願いします」なんでしょうか？

例えば、「これからの面接時間、よろしくお願いします」という意味なら、「本日はよろしくお願いします」という言葉とともに、気持ちを伝えてください。

この後は、いい雰囲気で面接がスタートすることでしょう。

自己紹介は最初のつかみ、話の内容、そして最後の締めが大事なのです。

11 頭が真っ白になったら、「感謝の気持ち」を伝える

あれを話そう、これを言おうとしっかり考えてきたのにもかかわらず、「では、自己紹介をお願いします」の一言で、「えっと……、なんだっけ?」と固まってしまった。

そんなことは絶対にないと言いたいところですが、万が一、頭が真っ白になってしまって何を言えばいいのかわからなくなってしまったようなときは、いったいどうしたらいいのでしょうか。

私はそのときの状況や気持ちを、素直に伝えたら良いと考えます。

何か意味のある言葉を無理やり言おうとするから、余計に焦ってしまい、言葉がさらに出てこないのです。

頭が真っ白になってしまったときの率直な気持ちとして、

「緊張してしまいました……」

こんな素直な一言でいいのです。

そう言われた面接官は、どんな気持ちになっていると思いますか？
「そうだよね。面接って緊張するよね」
ダメな奴だな、なんて思わないのです。むしろ、「緊張するよね、わかるよ」と共感しています。

なぜなら、面接官であっても自分が自己紹介をする側になれば、いつだって緊張します。気持ちはわかるのです。

「緊張してしまいました」と率直に口にしたあなたは、素直な自分の今を伝えたことで少し、緊張が和らいだのではないでしょうか？

ここから立て直して、改めて自己紹介ができればいいのです。

実は私自身も、「緊張しちゃいますね」という言葉はよく使います。大勢の前で話すときにこの言葉を口に出すと、「えー、アナウンサーの人でも緊張するのですか？」と驚かれます。逆にそれが、私に対して注目させる入口になるのですね。

また、「アナウンサーでも緊張するんだ」と、親しみと共感を持ってもらい、気持ちが近い状態でこれからの話を聞いてもらえるのです。

もちろん、緊張しているのは本当のことです。ただ、頭が真っ白になる緊張ではなく、ワクワクとドキドキが入り混じった前向きな緊張です。

面接での自己紹介に話を戻します。

どうしても自分の話が口から出てこない場合も、あるかもしれません。その場合は、面接官に対して感謝の気持ちを伝えてください。

「今日、この面接を受けさせていただける嬉しさでいっぱいです」

「こうして面接を受けさせていただけること、感謝しております」

例えばそんな感謝の言葉を面接官が言われたらどうでしょう。面接官も人ですから、それは嬉しく感じるものです。

きっと笑顔でうんうんとうなずいてくれるなどして、あなたも面接のピンと張りつめた緊張感が和らいでいくのを感じることでしょう。

そして落ち着きを取り戻して、自分が何を話すつもりだったのかを思い出したら

「では、改めて自己紹介をさせて頂きます」と、ゆっくり話はじめたらいいのです。

第5章

転職面接で選ばれる面接術

1 第一印象で面接官の心をつかむのは「見た目」と「声」

ここまでは、転職面接で選ばれるには話の内容、仕事の経験と思いを語ることが大事だとお話してきました。

でも、あなたの仕事への経験や思いを聞く前に、面接官が見ているところがあります。

それが「見た目」と「声」です。

もっと言えば、見ようとしなくても、聞こうとしなくても、情報として飛び込んできてしまうものです。

復習です。第1章でお話しした通り、アメリカの心理学者アルバート・メラビアンが提唱した「メラビアンの法則」によると、人が他者から受け取る情報の割合は、以下のように分類されるということでしたね。

・視覚情報55%（見た目・表情・しぐさ・視線など）
・聴覚情報38%（声のトーン・速さ・大きさ・口調など）
・言語情報7%（話の内容など）

ただ、「面接官をひきつけるには、順番が大事である」ということは、繰り返し伝えておきます。

あなたの話が聞きたいと思ってもらうためには「視覚情報→聴覚情報→言語情報」という順番の3ステップを踏んで、面接担当の心をつかんでいくことが大事なのですね。

ここからは以下の7つのポイントに絞って、すぐにできる「見た目」と「声」の魅せ方についてお教えしましょう。

❶服装は会社のドレスコードを調べてから決める
❷スーツは「サイズ」と「丈」でビシッと決める
❸清潔感は「3つの先」で作る（毛先、指先、靴先）
❹面接官の心を一瞬でつかむ！ ドアノック3秒前から笑顔になる
❺デコルテ（胸）をピンとはるだけで、堂々と信頼感ある人に見える
❻「いい声はノドではなく姿勢から。「拳1個分の浅座り」をする
❼大きい声はNG。声は面接官までの「距離感を意識」して出す

❶服装は会社のドレスコードを調べてから決める

転職活動の服装といえばビジネススーツが一般的ですが、最近では「自由な服装で」という指定も見られるようになってきました。

「何を着たらいいのか」と悩んだ時には、試験を受ける会社について「どんな社風の会社なのか」「どんな服装がふさわしいのか」などのドレスコードを調べておくと

いいでしょう。

同じ業界でも、会社によって社風も求めている人材も全く違います。

例えば、アナウンサーもそうです。フジテレビなどのキー局と言われる大手テレビ局の試験の面接では、ピンクや黄色といったパステルカラーのスーツでもいいと、当スクールでは指導しています。キー局のアナウンサーの多くはタレント性を求められます。華やかな自分を見せることができる服装が望ましいのです。

でも、NHKのアナウンサー試験は違います。NHKのアナウンサーもテレビに出る、人前に出る仕事であることは同じですが、公共放送としての信頼感が強く求められます。ですから、パステル系のスーツはNG。イヤリングなどのアクセサリーを付けるといったさり気ない華やかさを持ちつつも、信頼感が感じられるジャケット着用を勧めています。

このように同じ業界でも違いはあります。「個性やセンスが求められる会社なのに、地味でかっちりしたスーツで行ってしまった」「固い業界なのに、今の流行を取り入れた派手な服装を選んでしまった」といったミスマッチは避けたいものです。

まずは受験する業界や会社について、ホームページなどのネットメディアでリサー

チしましょう。どうしてもわからない場合は、採用担当者に電話して訊くことをお勧めいたします。「わからないので教えてください」という電話をすると、合否に関係するかもしれないと躊躇する方もいるのですが、大丈夫です。合否にはまったく関係ありませんので、わからないことはしっかり確認をするようにしましょう。

面接では不安をすべてつぶして、すっきりとした状態で臨むことが大事です。

❷スーツは「サイズ」と「丈」でビシッと決める

一般的な服装としては、スーツで問題ないでしょう。

ただ、気を付けてほしいのは、あなたの年齢によってはリクルートスーツの着用は避けたほうがよいということです。

リクルートスーツは基本的に学生が就職活動時に着用することを想定し、清潔感やフレッシュ感を意識した作りとなっています。そのため、黒や紺といった落ち着いたカラーが中心でデザインも特徴がないものとなっています。20代前半なら許容範囲かもしれませんが、あなたの年齢や雰囲気によっては頼りない印象を持たれる可能性があります。転職用のスーツをこの機会に新調することも検討されるといいですね。

そしてスーツで大事なのは「サイズ」と「丈」なのです。

以前、転職コンサルで「リクルートスーツしか持っていないので、母のスーツを着てみたのですがどうでしょうか？」と着て見せてくれた方がいました。見ると、彼女のジャストサイズより、一回り大きいサイズのスーツ。ジャケットの袖は手首を超えて手のひらまで達しています。うーん、どんなに良い素材やデザインのスーツでも、これでは見た目が台無しです。

ジャケットの袖の長さは、女性の場合は手首がかくれる程度。男性はワイシャツの袖がジャケットから少し出る長さ1〜1・5センチぐらいが良いでしょう。

自分の体よりもサイズが大きいスーツはだらしなく、あか抜けない印象です。逆に自分のサイズよりも細身のスーツの着用は苦しそうに見えて、恰好が悪いです。自分にピッタリ合ったサイズのスーツを選ぶようにしましょう。

さらに大事なのが「丈」です。

私は対面の転職グループコンサル時は、まずは生徒をずらりと並ばせてスカートの丈チェックから行っています。今はオンライン指導が多いですが、その場合も「スカートの丈を見せて」と立ち上がってもらい、全体のシルエットを見せてもらいます。女性の場合、スカートの丈がどこで切れているのかで、見た目の印象が大きく変わります。ふくらはぎの一番太い部分で丈が切れているとしたら、足は太く見えます。

私たちは面接が始まる前の受付時や社内を歩いて面接会場に入る時などから、すでに見られています。自分の足が一番細く見える、よいバランスのところにスカート丈がくるように調整したいのですね。

一般的にはスカートは膝丈と言われていますが、これは身長や足の長さなど、人それぞれ違うので、まずは鏡を見て客観的な視点から丈を決めるといいでしょう。

丈の直し方ですが、購入時にお直しに出して、プロに仕上げてもらうほうが安心です。ただ、手持ちのスカートで時間がない場合は、裏技になりますがウエスト部分を折って縫ってしまうことです。

また、男性のパンツの丈の長さは、靴にかかかるぐらいの長さがちょうどいいです。

購入時に店員さんに相談してお直ししてもらいしましょう。

そして、女性でもパンツスーツで転職活動をされる方もいます。営業職希望の方や自分を行動的に見せたい方にパンツスーツはお勧めです。**女性のパンツの丈は、足のくるぶしにかかるぐらいがバランスがいいです。**

いずれにしても、しっかり鏡を見て、自分に合ったサイズや丈を見極めてください。靴にかかる長さが最適です。立っている時も長すぎず、座っている時は短くなりすぎません。

❸清潔感は「3つの先」で作る（毛先、指先、靴先）

第一印象を良く見せるのに清潔感は欠かせない要素です。とはいえ、つい見落としがちな「3つの先」があります。

それは❶毛先、❷指先、❸靴先です。

まず、❶毛先。毎日髪を洗っていたとしても、毛先がパサついていたり、傷んでいると清潔感が感じられません。そしてヘアースタイルもうまくまとまりません。まとまりのある美しい髪は清潔感があって感じがよく見られます。

美容院でこまめにカットすることや、ヘアートリートメントでお手入れをするなど、日ごろのケアをしていただきたいところですが、緊急の裏技をひとつ紹介。**ハンドクリームを毛先に少しだけ付けます。**ヘアートリートメントのように髪の内部から潤いをもたらすものではありませんが、ちょっとパサつきが気になるときに面接直前などに使うのはお勧めです。

そして❷指先です。最近は男性もネイルサロンで爪を整える時代となりました。指先は、身振り手振りをしながら話したり書類を記入したり、書類を渡すなどの場面で、意外と面接官に見られています。

女性のネイルに関しては清潔感を演出する、という意味では必ずしも必要ではないです。むしろ、医療系や飲食、金融系などの業界はNGです。

お勧めは爪のケアに力を入れることです。爪が伸びていると不潔に見えますから、ちょうど良い長さに整えましょう。保湿ケアも忘れずに、ネイルのオイルやハンドクリームで潤いのある指先にしましょう。

最後に❸靴先。「靴を見ればその人がどんな人かがわかる」という格言があります。面接に汚れた靴・ボロボロの靴で行く人はいないと思いますが、見逃しがちなのが「靴先」なのです。

靴先がすれていませんか？　色が剥げていませんか？　そのちょっとしたところから、あなたの人となりを判断されてしまいます。

毛先、指先、靴先と3つの先を意識して、さらに清潔感を演出していきましょう。

❹面接官の心を一瞬でつかむ！　ドアノック3秒前から笑顔になる

笑顔は印象がいいというのは、もう、みなさんおわかりだと思います。最初の自己紹介でも笑顔になれる話をしましょうと述べました。

でも、イメージしてほしいのですが、真顔から笑顔になるにはちょっと時間がかかるのです。顔の表情筋と口角をぐっと上げる時間ですね。

中には笑顔になりづらいという方もいます。笑っているのに周りから「あまり嬉しそうじゃないね」と言われてしまう方は、表情筋が固くて口角が上がりづらいのかもしれません。

面接の時だけ、いい笑顔になるのは難しいです。**両頬のエラのあたりをそれぞれ2本指を置いて、クルクルとマッサージするだけでも表情筋はほぐれます。**

また、日ごろから嬉しい時は我慢しないで笑顔になれる自分でいましょう。

ちなみにアナウンサーはパッと笑顔になる瞬発力を持つ天才だと私は思っています。アナウンサーが行う取材で、同行するカメラマンはインタビューをする相手であったり、風景や商品など、目まぐるしくいろいろな人や物に焦点を当てて撮影をしていきます。そんな中、自分にカメラが向けられたら「あ、私を撮っているな」と一瞬で笑顔になって話し出すことができる、それがアナウンサーの笑顔の瞬発力なのです。これはもう、職業病と言うか、カメラを向けられたら笑顔になるというクセ付けができているからなのです。

そんな「笑顔の瞬発力」に長けているアナウンサーでも、事前に笑顔で話さないといけないとわかっている場合は、笑顔の準備をします。

「10秒前、9、8，7……」

スタジオでも外ロケでも、カメラで撮影する本番が近づくとディィレクターがカウントダウンをしてアナウンサーがしゃべりだすタイミングを教えます。

「6，5、4……」まではディレクターは声を張り上げてカウントしています。でも、3秒前からは声は出しません。代わりに「3、2、1」と指を折ってカウントをするのです。

私たちアナウンサーも3秒前になると、いつ本番が来ても大丈夫なように気持ち、そして表情を準備していきます。事件や事故といったニュースではない限りは笑顔で話します。

万全な状態で心からの笑顔になるには3秒の時間が必要なのです。

面接でもぜひ、3秒前には笑顔になるルールを取り入れてみてください。

「失礼いたします」面接会場のドアを開ける3秒前に、笑顔になりましょう。「よし！　準備が整ったな」と思ったら、ドアノックを3回して、入室です。

自然な笑顔で面接官と初対面することができ、好印象をもたれます。

❺デコルテ（胸）をピンとはるだけで、堂々と信頼感ある人に見える

第一印象で大事な見た目として、「姿勢」があります。

あなたは自分の姿勢を改めて、意識してみたことがありますか？

猫背など姿勢が乱れていると、自信がなさそうに見えたり、だらしない印象を与えることにつながります。代わりにキリっと姿勢がいいと堂々と自信があるように見え、信頼感を感じさせます。

最近では自己ＰＲ動画を求められることもありますから、上半身でしゃべる自分の姿を客観的に見る機会は増えてきているかもしれません。ただ、面接は全身も見られています。立ち姿もどんな姿勢なのか、一度撮影して確認してみるといいでしょう。

姿勢を良くするというと、背筋を伸ばすことが基本ですが、さらにもうひとつ意識してほしいことをお伝えします。

それは**「デコルテ（胸）をピンとはる」**ということです。

スマホやパソコンを長時間使うことから、最近は巻き肩の方が増えているそうです。巻き肩というのは、左右の肩が内側に入り込んでいる状態のことを言います。自分でできる簡単なセルフチェックの方法としては、肩が自分の体より前に出ていたら巻き型の可能性大です。

私も局アナ時代、姿勢が悪く、背筋を伸ばすよう意識してもあまり変化がないのが悩みでした。実は私はこの巻き肩だったのです。姿勢の悪さは背筋ではなく、肩の位置が関係していたのです。

この内側に巻き込んでいる肩を外に向けるにはどうしたらいいのか？

日常生活でできる改善点と予防策としては、デスクワークが続くときはこまめに体勢を変えるなどして、同じ姿勢をとり続けないことです。

最低でも1時間に一度は立ち上がって、肩をまわすなどして体を動かしましょう。

運動ではウォーキングがお勧めです。しっかり腕を振って肩まわりの筋肉を動かすイメージで歩きましょう。

そして、面接の本番では「デコルテ（胸）を開く」を実践してみてください。デコルテを開くことを意識すると、内側に入っていた両肩が自然と外に向きます。

さらにこの姿勢は、呼吸がしやすくなるので声も出しやすくなります。堂々として信頼感があるあなたに見えますし、見た目だけではなく、心の内側から自信が湧いてきます。

ぜひ、やってみてください。

❻いい声はノドではなく姿勢から。「拳1個分の浅座り」をする

面接官に伝わる声にするにはもうひとつ、「姿勢」を整えることも大事です。

声は座って話す時よりも、本当は立ったほうが声が出しやすく、いい声が出るのです。

私たちアナウンサーも、発声練習といえば必ず立って行います。ただ、面接となると座って話すことがほとんどではないかと思います。

椅子には浅く座る

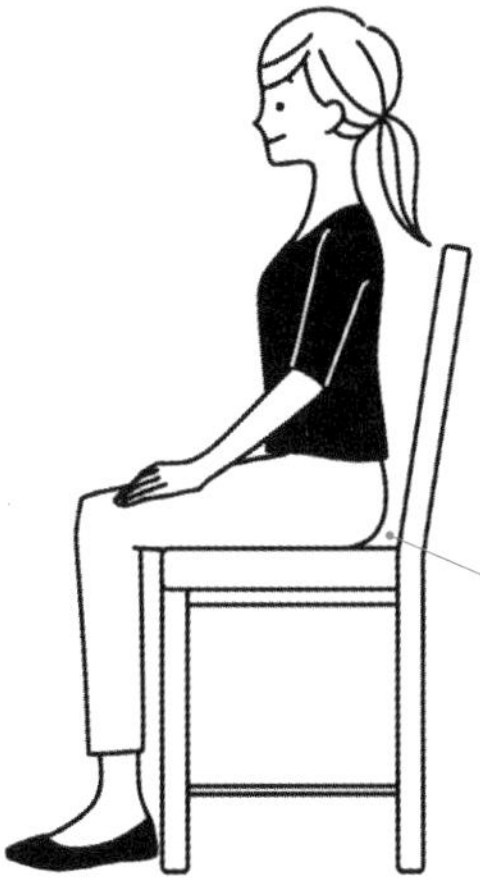

座ったままでもいい声を出す方法がひとつ、あります。

日々のトレーニングで改善する方法もありますが、ここでは本番ですぐにできるいい声になる方法を教えます。**それは椅子には浅く座るということです。**背もたれから拳1個分を空けて座るといいでしょう。

そうすると、不安定な体を安定させるためにおへその下にあるツボ・丹田にググっと力が入ります。自然とピンっと背筋が伸びていい姿勢になります。

❼大きい声はNG。声は面接官までの「距離感を意識」して出す

面接の声の悩みとして、「どれくらいの声の大きさで話せばいいのかわからない」という方が多いです。

というのも、コロナ禍で日々、マスクをしている私たちは日常で大きな声を出す機会が少なくなってきています。そんな中、面接ではしっかりと声を出して面接官に自分をアピールすることが求められます。日ごろやっていないことを求められているので、わからないのも無理はないです。

「面接官にしっかり伝えるために、大きな声を出さないといけない」と、多くの方がそう思いがちです。でも、日頃、大きな声を出していないのに無理に出そうとすると、喉に負担がかかります。結果として喉が痛くなったり、かすれた声になってしまいます。

そもそも、大きな声など、出さなくていいのです。大きな声ではなく「面接官に伝わる声」であれば、それでいいのです。

まず、注目すべきは自分と面接官との距離感です。どれぐらい離れていますか？1メートル、それとも2メートル？

声は面接官に届くように、距離感を意識して出すのです。1メートル先にいる面接官に話す声と、2メートル先にいる面接官に話す声では大きさが全く違います。

距離感を意識して出す声の出し方は大きさだけではなく、気持ちの面でも変化があります。面接官に自分の声を届けよう、自分のことを知ってもらおうという前向きな気持ちにも繋がるのです。

声を出す時は面接官との距離感を意識して、声とともに自分を伝えていきましょう。

2 面接官は敵ではない。一緒に働く「仲間」を探している

面接という場は特別な場ですから、緊張してしまうのは当然です。緊張を通り越して、面接官が怖いという思いが湧いてしまう方もいます。

ですが、面接官は敵ではありません。むしろ味方なのです。

面接は落とすことが目的ではありません。目的は、一緒に働いてくれる仲間を探すことなのです。

そう捉え方を変えてみると、面接官を見る目、視点が変わってくるはずです。

そうは言っても、「やっぱり、面接官が怖い」と、簡単に気持ちを変えられない人も多いでしょう。

どうして、面接官が怖いと感じるのでしょうか？　やはり、敵のように感じてし

まうのでしょうか？

ヒントとして、以前に私のコンサルを受けた内定者さんに「松下とのやりとりで印象に残った言葉を教えてください」と聞いてみた時の回答をご紹介します。


「松下先生に『面接官はあなたを攻撃しないよ！』と言われたことが、今でも印象的です！

私は面接直前になるたびに『怖いです』と言っていました。面接官の方に試されているのが不安で、『この子、全然できないな』と思われたらどうしよう、何を聞かれるんだろうかと、暗い気持ちがずっと心の中をグルグルしてました。

でも、松下先生に、面接官は攻撃してこないよと言われて、仲間たちもそれに笑ってくれて、『そうだよね。何を怖がっていたんだろう、受けるだけでも嬉しいことだから楽しみながら頑張ろう』と思えるようになりました」


このように、「面接官に試されている」「できない人だと思われたくない。そう思われたらどうしよう」「何を聞かれるんだろう」そんな不安から、面接官が怖いという感情が沸き上がっているのです。

要は、「意識のベクトルが自分に向いている」状態です。

例えば「それはどういうことですか？」と深く突っ込まれると、自分を追い込んでくるような感情に陥ってしまう。そして「どうしてこんなにいじめるように深く聞いてくるのだろうか」と、面接官に怖さを感じてしまうのです。

でも、面接ではあなたが自分のことを話さないと、面接官もあなたのことを理解することができません。

面接官はあなたを仲間にしたいという思いから、「どんな人なんだろう」とさらに質問をしているのです。あなたに興味を持っているからこそです。まずはそこに気が付いてもらいたいです。

面接官はあなたの敵ではない、味方です。安心して「ベクトルを自分から面接官に向けて」話していきましょう。

そしてさらに突っ込んだ話をすると、面接官だって実は不安なのです。

転職活動をしているあなたについて、きっと自社だけではなく、他にもいろいろ会社を受けているだろうなとわかっているのです。「第一志望です！」「御社にぜひ貢献したいです！」と口では上手いことを言っても、内定辞退されてきた経験が山ほどあるのです。

だからこそ、「本当に来てくれるのかな？」と、いろいろな視点からあなたの本音を知りたいのです。逆に答えに困るほど深く聞かれたら、「ああ、私に興味があるんだな」と前向きにとらえてください。

3 質問されたら、1秒の間を置く

模擬面接をさせてもらうと、私が発する質問にポンポンと話を返してくれて、テンポよく面接を進めていく方がいます。一見、面接の話し方としては良さそうですね。でも、「模擬面接やってみていかがでしたか？」と私が聞くと、多くの方がこう答えます。

「実は、何を自分が話したのかあまり覚えてないです……」

面接官の質問に反射的に答えていて、自分の深い思いや経験よりも、表面的に何かを話すことが優先となっているのです。

「私が質問したらすぐに答えてくれていたけど、どういう意図でそうしたの？」

「とにかく早く答えないといけないと思って……」

どうして、早く答えないといけないのでしょうか？

早く答えても、表面的な答えだったり。結局自分でも何を話したのか覚えてなかったら、意味がないと思いませんか？

「早く答えなきゃいけない！」この思いの根っこにあるのは、やはり〝できる人に思われたい〟〝自分を良く見せたい〟という思いからくるものです。

でも、はっきり言いますが、早く答えなくていいのです。

「うーん、そうですね……」と、じっくり考えて答えるほうが、「この質問に対してよく考えて答えようとしているな」と、面接官にあなたの誠実さが伝わるのです。

私たちアナウンサーはしゃべること以外に、番組のコーナーのディレクターを担当することもあります。仕事としては、カメラマンにどんな絵を撮ってほしいのかを現場で指示したり、編集に立ちあって「このいい笑顔の絵を使ってください」など、使う映像の指示を出す仕事です。この編集時に大事にしているのが〝間〟です。

例えばインタビューを撮らせて頂いたときに、このような言葉があったとします。

「そうですね……。だからあの時、頑張ろうって思ったんです」

ＹｏｕＴｕｂｅ番組では「そうですね……」というこの言葉はきっと、カットされて、「だからあの時、頑張ろうって思ったんです」だけになることでしょう。ＹｏｕＴｕｂｅはスキルやノウハウを最優先で伝えることを主眼にしているメディアです。そのため、コンパクトに話の内容をまとめるために、いらない言葉をカットしている場合が多いです。

でも、私たちが面接で伝えたいのはスキルや経験だけではなく、自分自身の「人柄」も大きいのです。

「そうですね……。だからあのとき、頑張ろうって思ったんです」この言葉に秘められているのは、長く悩んで決めた決断なのかもしれません。**すぐに答えられない「……」には、その人のいろいろな思いが込められているのです。**ですから、インタビューした相手の人柄を感じさせたいときはあえて「……」という〝間〟をそのまま、映像に使うのです。

面接で答えるときも同じです。早く質問に答えなくてもいいのです。

質問されたら1秒の間を置くぐらいが、ちょうどいいのです。

「1秒」と言われると、「頭の中で『1』と数えて……」と考えるかもしれませんが、逆に変な間ができてしまうのでお勧めしません。ではどうすればいいのかというと、**面接官が質問した最後の文末の記号をしっかり聴いてから、答えればいいのです。**

「うちの会社のどこに興味を持ってくれたのですか?」

と訊かれたら、「……くれたのですか?」の最後のクエスチョンまで聴き切るのです。そして、ゆっくり話しだせば自然な1秒の間ができあがります。

ぜひ、意識してみてください。

4 想定外の質問には「質問を繰り返す」

「10年後あなたはどうなっていたいですか？」
「自分より若い女性が上司になったら耐えられますか？」
「あなたを食べ物に例えたらなんですか？」

「え、それ聞きますか？」と想定外の質問が飛んでくると、驚いて何と答えていいのかわからないですよね。中には「その質問の意図はなんでしょうか？」と面接官の意図に沿った回答をしようと質問返しをする方もいますが、避けたほうがいいでしょう。面接官としては、質問した答えを待っているのに質問を逆に返されると、違和感を感じてしまいます。ここは、素直に自分の考えや思いを伝えましょう。

といっても、全く考えてもいなかった質問にどう答えたら良いのか？

それは、その場で考えるしかありません。

ここで大事なのは「早く答えようとしない」ということです。前述した通り、表面的な答えになってしまいます。自分でも何を言っているのかよくわからないという状態で答えても、面接官の心をつかむことはできません。

答えを考えるだけの時間を作り出しましょう。

例えば「10年後にあなたはどうなっていたいですか?」と質問されたら、

「……10年後、どうなっていたいか、ですね……」

と、**質問を繰り返せばいいのです。**

質問を繰り返している間に、答えを考えるだけの時間を作り出すことができます。

質問を繰り返すと面接官がきっと、「はい、10年後にどうなっていたいか、ですね」など、またさらに繰り返してくれると思います。

そのやりとりをしている中で、「え! そんなこと考えたこともない!」といった想定外の質問に驚いて、一気に緊張してしまった気持ちを、ゆっくりと落ち着かせていくことができるのです。

また、「そうですね……」という言葉も有効です。「そうですね」と言いながら、質問の答えを考えるのです。

そのときに大事なのが目線です。

目があちらこちらに泳いでしまうと、落ち着きがない印象を与えてしまいます。また、「えっと……」と斜め上を見て考えるのは、白目になっているのでカッコ悪いです。

では目線はどうしたらいいのか？

お勧めは、「そうですね……」と言って、下を向いて考えるというポーズです。

ポイントはアゴを引くほど下を見るのではなく、目を伏せる程度にするということ。考えている表情もきれいですし、目を上や横に動かすよりも集中して考えることができます。

5 「思いました」「感じました」「考えています」はNG文末

ここまで表情や目線、振る舞いなどから自信のなさが出てしまうという話を、繰り返しお伝えしてきました。

そして実は、これも自信のなさが表れているというポイントがあります。

それは文末です。

以下の、2つの例文をご覧ください。

〈例1〉

「御社の人事採用を志望した理由は、5年間の人事採用経験を生かしたいからです。採用以外では新人研修や人事評価制度など人材育成に携わり、力を注いできました。御社の人事採用は業務範囲が広く、これまで培った経験とスキルを生かし貢献していきます」

〈例2〉

「御社の人事採用を志望した理由は、5年間の人事採用経験を生かせると考えたからです。採用以外では新人研修や人事評価制度など人材育成に携わり、力を注いできたと思っています。御社の人事採用は業務範囲が広いと感じ、これまで培った経験とスキルを活かし貢献したいと考えています」

違いがわかるでしょうか？　まず、文末から受ける印象が違うのです。

〈例1〉は「です、ます」と断定した文末なので、自信がある印象です。

では、〈例2〉はいかがでしょうか？「思いました」「感じました」「考えています」この3つの文末を多用しているため、自信がなく、遠回しに伝えている印象です。

具体的には、「思っている」「感じている」「考えている」だけで、その先の前向きな気持ちはないのかな？　と、物足りない印象です。

以前、ＳＴＯＲＹアナウンススクールの面接講座で、参加者ほぼ全員が「……と感じました」「……と考えています」という文末のオンパレードになったことがありました。

「ねえ、あなたたち本気でその会社に入りたいという思いで面接受けてるの？ それじゃあ、あなたたちの本気は伝わらないよ」と、私は一喝しました。すると、ひとりの生徒がこう、答えました。

「もちろん、本気なのですが、自己ＰＲの内容に自信がなくて……」

これはよくあることなのですが、「こう言えば、面接官に好感もたれるかな」と、自分を良く見せようと話を盛ってしまう方がいます。でも、実際に話してみると、「そこまでの自分じゃないしな」と無意識なところで気持ちが弱くなり、遠回しな言い方になってしまうのです。

共感ストーリーの形で、自分の経験と思いを語るうえで大事なのは、「自分の本当を語る。本音を語る」ということです。

そして、自分の強い思いを伝える時は、「です」「ます」と断定した文末で伝えましょう。

これで、あなたの言葉に自信が満ち溢れます。

第6章

転職面接で選ばれる「聴き方」

1 転職面接で大事な「きく」は「聴く」

ここまでは自分のことを話すという視点で、転職面接術についてお話をしてきました。でも実は、「話をきく」ということも、大事な要素なのです。

まずは「話をきく」の定義からご説明しましょう。

「話をきく」という行為には、以下の3つの「きく」があるのです。

❶聞く(hear)

「遠くで犬の鳴き声が聞こえる」

「お店に入ったら、音楽が流れていた」

言葉や音を積極的にきこうと思ったわけではなく、自然と耳に入ってきてしまった。「聞」という漢字には「耳」が入っていますね。受け身のきき方＝「耳で聞く（hear）」です。

❷聴く（listen）

「毎朝7時からは大好きなラジオ番組を聴く」
「先生のアドバイスをメモを取りながら聴く」

「聴く」は「聞く」よりも能動的な「きく」です。意識して音や言葉に耳を傾けることです。「聴」という漢字には「心」が入っていますね。心を込めて一生懸命耳を傾けるきき方＝「心で聴く（listen）」です。

❸訊く（ask/question）

「上司にどうしたらよいのか意見を訊く」
「先輩に今後のミーティングの予定について訊く」

「訊く」は相手に質問して、尋ねるきき方です。「訊」という漢字には「口」が入っていますね。訊き手が訊きたいことを尋ねるきき方＝「口で訊く（ask/question）」です。

この3つの中で面接で大事な「きく」は、❷の「聴く」です。なんとなくではなく、面接官の質問にしっかり意識を向けて心で聴くということです。

第5章で、自分が話すときに文末の表現「思いました」「感じました」「考えています」を多用すると、自信のなさが伝わるという話をしました。

面接官の質問を聴くという視点から見ると、面接官がどういう文末にどのような言い方をするのかを、しっかり聞き切ることがポイントになってきます。と言うのも、面接官の質問とズレた答えを言って、印象を悪くしてしまうこともあるからです。

以下は、ズレた答えになってしまった面接会話の例です。

面接官「弊社に生かせるあなたの強みは何でしょうか?」

志望者「前に出て活躍する人をサポートするのが好きなので、営業事務を志望しています。縁の下の力持ちとして御社の営業をサポートしたいです」

一見、ちゃんと答えているように見えますが、答えがズレていることがわかるでしょうか？

面接官は「あなたの強みは何でしょうか？」と訊いています。でも、答えは「人をサポートするのが好き」という自分の志向性。結論としては「事務を志望しています」という、志望動機になっていますね。面接官は強みとして外部にアピールできることを訊いているのに、志望者は自分の内面的な思いばかり答えているのです。このようなズレた答えは面接官に「ん？　その答えが聞きたいのではないけれど」と違和感を与えてしまいます。質問をきちんと聴いていないということは、一緒に仕事する中でミスコミュニケーションが起きそうだなと判断されてしまうこともあります。それは本当にもったいないことです。

面接官が何を知りたいと思っているのか？　何に興味を持っているのか？　心を込めて聴きましょう。

2 面接官の話をさえぎらない「黙って深くうなずく」

面接官の話を心を込めて聴くために大事なポイントは、「面接官の話をさえぎらない」ということです。

どうしても早く答えないといけないと思ったり、自分が話したいと思っていた質問が来たら「よし、きた！」と勢いよく話し出し、面接官の質問の言葉にかぶってしまうような方がよく見られます。

自分の質問をさえぎられた面接官の気持ちになってみたら、どうでしょう？　言いたいことが言えなかったストレスを感じてしまいます。そして、そのストレスがあなたの印象とオーバーラップ、重なり合ってしまうのです。

これもまた、もったいないことです。

私も新人アナウンサー時代のインタビューの仕事で、同じような失敗をしたことがあります。ゲストの気持ちを盛り上げようと「そうですよね！」「わかります！」と元気よく相槌を打っていました。雰囲気よくインタビューを終えられたと思ったのですが、カメラマンから大目玉をくらってしまいました。

「お前の言葉がゲストの声にかぶっているぞ！　これじゃ、インタビューが使えない！」

インタビューの撮り直しとなり、ゲストの方にも迷惑をかけてしまいました。

同じようなことが面接の場でも起こっているということです。

面接官の話をさえぎらず、心を込めて聴くためには、最後の文末まで話を聴きましょう。ポイントとしては「句点（。）が付いたな」と確認してから、話し始めるようにしましょう。

とはいえ、こういうケースもあります。

面接官が長々と話していて、それをあなたが黙って聴いているという場合。

「黙っているけど、本当に話を聴いているのかな？」と逆に面接官は不安に思ってしまうのです。言葉をさえぎってはストレスを与えてしまうし、黙っていたらいたで、ちゃんと聴いていないのではと、不安に思われてしまう。「聴く」というのは本当に難しいですね。

でも、大丈夫。**うなずきを上手く使いましょう。**

黙って大きく深くうなずく仕草は面接官の言葉をさえぎらず、さらに「ちゃんとあなたの話を聴いていますよ」という姿勢を見せることができます。

うなずきのポイントは、「大きく深く」です。

ただ、やみくもにうなずけばいいというわけではありません。早くて浅いうなずきを何度も繰り返す動作は、逆に適当に聴いているような印象を与えてしまいます。さらに早く話し終わってほしいという思いから、うなずきを頻繁に繰り返していると思われてしまうこともあります。

「私はちゃんと聴いてますよ」というメッセージは、「大きく深いうなずき」で伝えましょう。

3 目線（アイコンタクト）は3ステップで面接官の心をつかむ

「面接官の質問を心で聴くという意識はわかりました。でも、いったいどこを見たらいいのでしょうか？」

目線（アイコンタクト）で悩む方はかなり多いです。でも、大丈夫です。

これからご紹介する3ステップで面接官の心をつかんでいきましょう。

例えば、複数の面接官がいる面接を受けているとします。

その場合の目線（アイコンタクト）の1ステップは**「質問した面接官に目線を送り、答えましょう」**です。

質問したのに違う面接官を見ていたら、質問した面接官は自分に対して答えてくれていない、という印象を持ってしまいます。まずは質問した面接官に目線を送る。

「あなたの質問に答えていますよ」というメッセージを送りましょう。

そして、話し進めていると「この答えで良かったかな？」など急に不安に思う方も、中にはいるでしょう。基本、答えに正解／不正解はありません。あなたの場合はどうなのか？　どう思っているのか？　それが問われます。

自信をもって話をしてもらうためにさらに目線のポイントです。２ステップ、それは**「一番、反応がいい面接官を見て話をする」**ということです。

・うんうんとうなずきながら話を聞いてくれる面接官
・ニコニコと笑顔で話を聞いてくれる面接官
・前のめりになって興味をもって話を聴いてくれている面接官

そのような「反応がいい」面接官を見て話すことで、「ああ、自分の話がちゃんと伝わっているんだな」と、あなたは安心を手に入れることができます。

そして最後の3ステップ。それは、**「面接官全員にゆっくりと目線を送る」**ということです。

自分に目線を送ってくれていないと、自分に話してくれていない。もっとネガティブにとらえると、存在を無視されているのではないかと思われてしまうこともあります。

面接官全員に自分を伝えるという意識で、一人ひとりの面接官に目線を送りましょう。

4 目線はソフトに目や眉のあたりを「ボーッ」と見る

まだまだ目線（アイコンタクト）の悩みは続きます。

「目線を送る大切さはわかったけれど、いったいどれぐらいの長さが良いのか？」

ということを、気にする方も多いです。

心理学者の佐藤綾子さんは、「相手の心をつかむのには、1分間の話につき32秒以上、目線を送ることが理想的」だと言っています。

「32秒以上」というのは結構、長いと感じるかもしれません。それも、じっと面接官の目を見続ければ、「ずっと見ているな」と圧迫感を感じてしまいます。もちろん、私たち面接を受ける側も、面接官の目を見続けながら話すと緊張するものです。これではお互いがストレスを感じている状態で良い面接はできないですよね。

ここでのポイントは**「面接官のどこを、どのように見るのか？」**というところなの

「ボーッ」と見る面接官の顔のポイント

です。

私たちアナウンサーも、カメラに向かって話をする時にレンズをじっと見ると、鋭い目線になりがちで怖い表情になってしまいます。そこで、私はカメラに向かって話す際に、意識していたことがあります。

カメラレンズの上にタリーと呼ばれる赤いランプがあります。

複数のカメラがある場合、「今、あなたをテレビに映しだしているのはこちらのカメラですよ」と知らせるものです。私はレンズをじっと見るのではなく、レンズとこの赤いランプタリーのあたりを、

「ボーッ」と見るようにしてニュースや情報を伝えていました。そうすると、鋭い目線が柔らかに変わるのです。

話を面接に戻しましょう。**面接では、面接官の目や眉のあたりを「ボーッ」と見るといいです。**

柔らかな目線を送って話しやすい雰囲気を作りましょう。

面接でもちょっと目線を外して、面接官の目や眉のあたりを「ボーッ」と見る。

ぜひ、この手法を取り入れてください。

5 知らないことは「教えていただけますか？」と素直に訊く

「わからない質問をされたらどうしよう……」

「答えられない質問をされたらどうしよう……」

多くの転職志望者が抱える悩みのひとつです。「知りません」「わかりません」と面接官に伝えるのはかなり、勇気がいることですよね。

でもここで、知ったかぶって答えたり、曖昧に答えたりすると、あとから余計、苦しい思いをしてしまいます。

「それはどういうことですか？」と深堀りされて訊かれたり、表面的なことしか言えないから面接官の反応が悪い、などといった状況は避けたいですよね。

ここはもう、素直に「知らない、わからないという自分」を受け入れることです。

大事なのは面接官に伝える時は「知らない」「わからない」の「ない」で終わらせないということです。ではそれをどう、伝えたらいいのか？

それは「教えてください」「勉強します」と、前向きな言葉を伝えるということです。

実際私も、転職面接でこのようなやりとりがありました。内定をもらった愛媛朝日テレビの最終面接でのことです。

「アナウンサー志望ですが、記者は興味はないですか？『記者で内定を出す』と言ったら、どうする？」

〝え、記者？〟と、思ってもいなかった質問に驚きました。さらに私は、記者が具体的にどんな仕事をするのかいまいち、わからなかったのです。そこでこう答えました。

「申し訳ございません。実は、記者とアナウンサーの仕事の違いがわからないのですが、教えていただけますでしょうか？」

面接官は笑顔で質問を聴いてくれて、「そうですねー。アナウンサーと記者の違いは取材するにしても、取り扱うネタが違うんだよね」と記者の仕事について説明をしてくれました。その情報をもらったうえで私は、「やはり、私はアナウンサーの仕事がしたいです。と申しますのも……」と、アナウンサーという仕事への思いを話しました。

面接官はうんうん、とうなずいて「なるほど。わかりました」と納得している様子でした。

今思えば、面接官に対して一方的ではなく、会話になっていたなと振り返ります。

「知らない」「わからない」といったネガティブワードで終わらせず、「教えてください」「勉強します」で面接官とのプラスの会話に変えていきましょう。

6 「最後の質問」の答えからあなたの本気度が見える

「終わり良ければすべて良し」という諺がありません。面接で多少、上手く答えられない質問があっても大丈夫。最後はしっかり決めて面接を終わらせたら、挽回の余地はあります。

心理学・行動経済学者のダニエル・カーネマンが唱えた「ピークエンドの法則」によると、「ある出来事について印象に残るのは感情が最も高ぶっていた時と、その終了時のみである」ということです。

感情が最も高ぶっているときというのは、自分が「楽しい」「嬉しい」「悲しい」といった、快／不快の感情をもって伝えているあなたの姿。いわゆる共感ストーリーメソッドを使って話している、あなたのことです。こちらはもうすでに本書で学んできましたから、実践あるのみですね。

そして、面接終了時。最後の締めも印象を左右するので大事だということです。
最後の締めの質問として投げられる多くのものは、こちらの2つだと思います。

❶「最後に何か言い残したことはありますか?」
❷「最後に質問はありますか?」

いずれも何と答えていいのかわからず、「特にありません」と答えて面接を終了してしまう方も多いです。でも、最後の大事な印象を決める部分で「特にありません」では、あなたが本当に自社に転職したいと思っているのか、その本気度が疑われてしまいます。

では、それぞれの質問の定義やどう答えたら良いのか、解説しましょう。

❶「最後に何か言い残したことはありますか?」

この質問に何を話せばいいのかと悩む方が非常に多いです。

そもそもこの質問の定義は「最後の自己PR」なのです。

面接では基本、何をどう訊かれるかわからないという状況です。ただ、2か所だけ自由に自分が伝えたい話をすることができます。それが最初の自己紹介と、最後の質問「何か言い残したことはありますか？」なのです。ここで、「特にありません」と答えてしまっては自己PRを放棄しているようなものですから、もったいないことです。

では「最後に何か言い残したことはありますか？」が自己PRだとすると、何を話せばいいのでしょうか？　2つあります。1つは**「すでに伝えている話でも、しっかり覚えてもらいたい、記憶に残してもらいたい話をする」**ということです。

私たちアナウンサーも、大事な情報を伝える時は二度、三度繰り返します。たとえば、何か商品を紹介して購入してもらいたいとき、最終的に重要なのは「どこにどのように申し込めば買えるのか？」ですよね。その場合は「お申込みは0120―9999……、0120―9999……」と電話番号を繰り返します。重要なことは二度、三度、繰り返すということです。さらにピークエンドの法則を活用して、あなたが伝えたいことがしっかり、面接官の記憶に残ります。

そしてもう1つは**「会社に入社した後、どういう未来を描き、貢献したいのか?」**ということです。

私たちはどうしても、一方的に自分の過去から現在までの経験やスキルを話しがちです。最初の書類選考、そして今回の面接であなたの経験やスキルはほぼ、伝わっているかと思います。大事なのは、そのあなたの経験やスキルが相手の会社にどう生かせるのか? あなたがどう貢献したいのか? ということなのです。

最後の締めとしては、自分だけではなく、会社との未来を話すことで、面接官にあなたが会社に入社した後のイメージを湧かせることができるのです。

❷「最後に質問はありますか?」

この質問に、「今日の私の面接での印象はいかがでしたか?」と模擬面接で訊いてきた生徒がいました。質問を質問で返すのは印象が悪いですし、面接官が欲しい答えを返していないので残念な印象です。

「最後に質問はありますか？」この問いに対する答え方によって、どれだけ自社に興味があるのかがわかります。本当に入社したかったら、会社のことを知りたいと思いますよね。恋愛と一緒で、好きだから相手のことがもっと、知りたくなる。

ここでする質問としては、自分が会社に入った場合を想定したうえでの前向きな質問が良いでしょう。

例えば以下のようなもの。

「入社してからどれぐらいで実際の業務に携われるのでしょうか？」
「私と同じような業界・職種から転職されている方がいたら、どんな活躍をしていますか？」
「御社に入社した場合、これは覚悟してほしいというものはありますか？」

どの質問もやる気を感じますよね。実は、質問さえもが自己ＰＲなのです。

7 「終わりよければで終われない」残念な3つの逆質問パターン

❶自分で調べたらわかる質問

「御社の理念は何ですか?」

「御社の社員は何人ですか?」


ホームページに書いてあるよね、と思われる質問ですよね。

このような自分で調べたらわかるような質問をすると、「うちの会社にそんなに興味がないんだな」「志望度が高くないな」と思われてしまいます。

❷面接官が答えづらい難しい質問

「御社の競合のA社とB社がそれぞれ新事業を立ち上げました。御社はこれからどのような新規事業を立ち上げる予定でしょうか？」

「……うーん」

業界について調べている印象はあります。

でも、何とも答えづらい質問です。

いくら自己PR部分になるからと言って、自分のスゴさを見せようと力む必要はありません。

面接官を困らせたり、恥をかかせるような質問は避けましょう。

❸待遇面に対する質問

「御社の福利厚生制度はどのようなものでしょうか？」
「残業はどれぐらいでしょうか？」

福利厚生や残業について、気になるのはわかります。ただ、どうしても仕事へのやりがいよりも、待遇面ばかり気にしているのかなという印象です。基本は待遇面については聞かないほうが無難でしょう。

以上の3つの逆質問を避けて、終わり良ければすべて良し！ で面接を締めましょう。

おわりに

「転職したい。でも、不安。これからのキャリア、どうしたらいいのか」

そんな悩みを抱えているあなたに寄り添い、背中をポンと押したいという思いから、この転職面接についての本を書きました。

振り返れば、私自身、ずっと転職の人生でした。一般企業からアナウンサーへの転職も入れたら、4回です。フリーターだった時もあります。

東京でひとり暮らし。親には頼れない、頼りたくない。収入も不安。今後のキャリアも不安。

不安だらけではあったけど、転職するたびにアナウンサーの経験とスキルを身につけ、こうしてあなたに本をお届けできる著者になりました。

そう考えると、私自身もアナウンサーになったのは通過点でしかなかったのかもしれません。

本当にやりたかったことはこうして本を通じて、多くの方の不安を安心に変えるサポートがしたかったんだなと、今、振り返ってみて思います。


無事に転職が決まったあなた、おめでとうございます！

まずはこの喜びを十分味わってください。

親御さんや家族、恩師、友人など大事な人たちに報告して、新しいスタートをみんなでお祝いしてください。


そして、内定した先の会社での仕事を思う存分、楽しんでください。

新しくご縁を頂いた上司や仲間と一緒に、会社のために、そして自分のために自分の経験とスキルを思う存分、生かしてください。

転職したいけど一歩が踏み出せないというあなたも、大丈夫。本書が自分を知るきっかけになったら、嬉しいです。そして「もうこのままでは嫌だ！　転職したい！」という気持ちになったら、ぜひ、松下までご相談ください（笑）。

ＳＴＯＲＹアナウンススクールの生徒、卒業生、そして認定講師、アナウンス講師の皆さんのおかげで、この本を書くことができました。感謝しかありません。

これからも不安に思うこともあるでしょう。でも、みんなで一緒に乗り越えていこう！　ひとりではできないことでも、みんながいれば成し遂げられることはたくさんあります。

スタンダーズ社の河田周平様、１冊目の『「たった１人」に選ばれる話し方』に続き、一緒に本づくりをさせていただき、ありがとうございました。河田さんのおかげでこの本を世に出すことができました。

最後に私、松下公子と出会ってくださったあなた、そしてこれから出会うあなた、すべての方に心から感謝いたします。

心を込めて、このたび、プレゼント企画を致しました。

「競争倍率１０００倍でも選ばれる！　１分自己ＰＲテンプレート」です。

こちらを以下のＱＲコードからＬＩＮＥ登録してぜひ、受け取ってください（プレゼント期間は２０２４年12月31日までです）。
また、松下公子と直接やりとりできるＬＩＮＥです。本のご感想も頂けたら嬉しいです。

２０２３年6月　松下公子

松下公子

Kimiko Matsusita

STORYアナウンススクール代表
株式会社STORY代表取締役

1973年茨城県鹿嶋市生まれ。

アナウンサーを目指したのは、大学3年時に彼氏に振られたことがきっかけ。みんなに愛される女子アナになって見返したいと思った。しかし、第一印象が怖い、近づきづらいという見た目コンプレックス、さらに、コネなし、2流女子大出身、茨城なまりと4重苦に苦しむ。

パッと見の印象ではなく、自分のことをわかって欲しいという思いから、アナウンサー受験では自分の経験と思いを熱く語る。その結果、25歳フリーターでアナウンサーに内定。テレビラジオ4局のステップアップを果たす。

その後、共感で選ばれるプレゼン手法「共感ストーリー®」としてメソッド化。

代表であるSTORYアナウンススクールでは、認定講師とともに個別指導で共感ストーリー®メソッドを使った志望動機、自己PRを一緒に作成。面接における伝え方の指導も行い、NHKキャスターや地方民放局アナウンサーの内定に導いている。現在は一般企業の転職など選ばれる人になるサポートや講演活動を行っている。

著書に『「たった1人」に選ばれる話し方」』(standards)がある。

●STORYアナウンススクール
https://story-announceschool.com/

●株式会社STORYオフィシャルサイト
https://story-office.com/

◎「共感ストーリー」は株式会社STORYの登録商標です。

カバー・本文デザイン
横山みさと(TwoThree)

転職内定率90%のアナウンススクール代表が教える!

転職は話し方が9割

2023年7月31日　初版第1刷発行

著　者　松下公子
編集人　河田周平
発行人　佐藤孔建
印刷所　三松堂印刷株式会社
発　行　スタンダーズ・プレス株式会社
発　売　スタンダーズ株式会社
〒160-0008
東京都新宿区四谷三栄町12-4 竹田ビル3F
営業部　Tel.03-6380-6132　Fax.03-6380-6136
http://www.standards.co.jp/